KB146213

오십부터는 이기적으로 살아도 좋다

이 책은 ㈜한국저작권센터(KCC)를 통한 저작권자와의 독점 계약으로
한스미디어-한즈미디어㈜에서 출간되었습니다.

일러두기 ————

• 독자의 편의를 위하여 원서에서 표기된 엔화는 모두 원화로 수정하여 편집하였습니다.

오츠카 히사시 지음 | 유미진 옮김

오십부터는 이기적으로 살아도 좋다

1만 명의 이야기를 듣고 알게 된
후회하지 않는 50대를 사는 법

한스미디어

50, 지금까지 살아온 것처럼 살 것인가
아니면 좀 더 새로운 삶을 선택할 것인가

"50대는 무한의 가능성이 있다. 그래서 고민한다"

이 책에서 가장 전하고 싶은 말을 요약하자면 바로 이것입니다.

　대부분의 사람들은 50대에 접어들면 좋든 싫든 선택의 기로에 놓이게 됩니다. 정년 후 지금의 회사에서 다시 한번 일할지, 다른 회사로 취업할지, 아니면 과감하게 창업을 할지 등을 고민하게 됩니다. 혹은 아예 정년을 기다리지 않고 좀 더 빨리 이직이나 창업의 길을 선택하는 사람도 늘고 있습니다. 여유가 있는 사람이라면 은퇴 후 취미 생활을 즐기며 살거나 자원 봉사 등으로 사회 공헌을 꿈꾸기도 합니다.

　이처럼 50이란 나이는 마음만 먹으면 완전히 제로부터 새로운 일을 시작하는 것도 가능하고, 새로운 지식을 습득하는 것도 충분히 가능한 연령대입니다. 아마도 이렇게까지 장래에 대해 다양한 선택지가 주어지는 것은 학창 시절 이후로 처음이겠지요.

한편으론 50대에 대한 세간의 시선은 그리 곱지 않습니다.

"50대가 요즘 시대를 따라잡는 것은 무리야"

"입으로만 일하고 있는 아저씨, 아줌마들이 회사를 좀먹고 있어"

"여전히 예전의 고도성장 시절을 잊지 못하는 구시대적인 사람들"

이러한 말들이 세간에 떠돌고 있습니다.

대기업에서 조기퇴직제도 도입에 관한 뉴스도 종종 세상을 떠들썩하게 합니다. 그 대부분은 '남아도는 50대가 대상'이 됩니다. 게다가 기업에 따라서는 이른바 '직급정년'이라는 벽이 딱 가로막고 있습니다. 고생고생해서 승진을 했더니 이제는 회사에서 일할 자리가 없다는 것입니다. 아예 '55세가 되면 부장 이하는 모두 파견직'이라고 못을 박아 놓은 회사도 있습니다. 상황이 이러할진대 어떻게 의

---

*   직급별 정년제는 기업 내 종업원 관리자, 임원 등의 각 직급별로 정년을 차등 설정하여 운영하는 정년퇴직제도이다. 예를 들어 종업원은 55세, 관리자는 58세, 임원은 60세 또는 65세 등과 같이 직급별로 정년을 달리 적용하는 정년퇴직제로 관리자의 직급이나 임원직급에 따라 별도로 정년을 운영하는 관리직정년제 또는 임원정년제가 있다.

욕을 내라고 하면 좋을지, 열정을 잃고 동기부여도 떨어진다는 50대가 늘고 있다고 합니다. 같은 50대로서 이러한 상황에 솔직히 화가 납니다.

이제는 좀 더 '이기적으로 살아도' 괜찮다

그래서 이 책을 썼습니다.

수많은 선택지를 앞에 두고 갈팡질팡하거나 좀체 일에 집중을 못 하고 어떻게 50대를 보내면 좋을지 모르겠다는 사람이 수두룩합니다. 그래서 내가 지금까지 만나서 이야기를 들어온, 정년퇴직 후에 즐겁게 지내고 있는 사람들, 또는 '50대에 이것을 해뒀더라면…'하고 후회하는 사람들의 목소리를 그러모아 그중에서 '이것만은 꼭 해두자는 것'을 추려서 정리한 것이 이 책입니다.

그중에서 가장 전하고 싶은 메시지를 하나 소개하자면 "50대는 좀 더 이기적으로 살아라"라는 것입니다.

학교를 졸업하자마자 회사에 들어가 지금까지 계속 회사원 생활을 해온 사람은 아마 알게 모르게 '회사를 위해'를 제일 먼저 생각하는 사고방식이 몸에 배었겠지요. 하지만 그렇게 회사에 몸과 마음을 바쳐 충성을 다한다 해도 회사가 정년 후의 당신의 인생을 보장해주지는 않습니다.

차라리 대담해집시다. 눈치 보지 말고 실컷 제멋대로 살아도 괜찮습니다. 그렇다고 하더라도 오랜 세월 몸에 밴 '조직 구성원'으로서의 상식은 쉽사리 사라지지 않을 것입니다. 이러한 50대를 '디톡스 기간'으로 하자는 것이 이 책의 제안입니다.

한편 지금까지 자신이 해온 일을 총결산하는 연령대도 50대입니다. '지금까지 일했던 흔적을 남기고 싶은 마음'은 인간으로서 자연스러운 욕구입니다. '어떻게 회사 인생을 끝맺을지'는 그 이후의 인생에 커다란 영향을 미칩니다.

인생 2막을 준비하면서 자신이 해왔던 일의 총결산을 하는 50대는 그야말로 정신없이 바쁜 시기입니다.

1만 명에게 듣고 알게 된 '후회하지 않는 50대의 해답'

이 책은 주로 일반 50대 직장인이나 중간관리직, 또는 이미 직급정년을 맞이한 분을 생각하며 썼습니다. 그러나 한편으론 회사의 임원 등 출세 가도를 힘차게 달리고 있는 50대분들도 꼭 읽었으면 합니다. 이런 분들일수록 막상 정년을 맞이하고 나면 한순간에 폭삭 늙어버리는 경우가 허다하니까요.

자기 회사를 창업한 사장이 아니라면 회사원 인생은 언젠가 끝납니다. 은퇴 준비는 누구나 하루라도 일찍 시작해두는 것이 가장 좋습니다.

한 가지 더 신경을 쓴 부분은 여성입니다. 대부분의 50대 여성들은 오랜 시간 기울어진 운동장에서 치열한 삶을 살아왔습니다. 롤모델이 없는 가운데에서도 자신만의 길을 개척해온 여성분들에게는 진심으로 고개가 수그러집니다. 다만 그런 만큼 여러 가지로 무리를 해온 측면이 있겠지요.

일반적으로 여성이 남성보다 태세 전환을 잘해서 '회사 인생에서 자기 자신의 인생'으로 순조롭게 전환할 수 있습니다. 하지만 오랜 세월의 습관이 자기도 모르게 몸에 배어 있을지도 모릅니다. 부디 이 책으로 자기 자신을 총점검하기 바랍니다.

이 책은 내가 지금까지 필생의 사업으로 계속해온 1만 명 이상의 '직장인 인터뷰'를 바탕으로 '50대에 이것만은 꼭 해야 할 것'을 정리한 것입니다. 또한 잡지 〈THE21〉의 도움을 받아 독자분들의 체험담과 의견을 한데 모아 고스란히 책에 반영했습니다.

이 책이 인생에 있어 더없이 소중한 '50대'라는 시기를 후회 없이 살아가기 위한 하나의 지침이 되어준다면 더할 나위 없이 감사하겠습니다.

오츠카 히사시

차례

제 3 장

50대에 반드시 포기해야 할 6가지

제 4 장

어떻게든, 오랫동안 일할 수 있는 환경을 만든다

제 5 장

모든 인간관계를 '이기적으로' 재구축하라

제 6 장

50대에 '평생 공부하는 자신'을 만들어 놓는다

제 1 장

50, 지금부터는
이기적으로 살아도 좋다

01

50대가 느끼는 '조바심'의 정체

40대가 안고 있던 '막연한 불안'이 어느새인가 '막연한 조바심'으로 바뀌고 있다. 50대가 느끼는 이 '조바심'의 정체는 과연 무엇일까?

이 개운치 않은 답답함의 정체는…?

50대 직장인과 많이 접하다 보면 절실히 느끼는 점이 있습니다. 그것은 50대가 되면 열에 아홉은 '조바심'과 비슷한 감정을 갖게 된다는 사실이지요.

나 또한 그랬습니다. 쉰 언저리쯤 되었을 때 왠지 답답하고 개운치 않은 기분이 한동안 이어졌습니다. 한참 지나고 나서야 그것이 '조바심'이

제1장 50, 지금부터는 이기적으로 살아도 좋다

라는 것을 깨달았습니다. 아마 그 '조바심'의 뿌리는 이제 직장인의 인생도 막바지인데 '아무것도 해놓은 것이 없다', '좀 더 해야 할 일이 있었던 것은 아닐까'와 같은 감정이 들어서겠지요.

50대에 이러한 감정을 느끼는 것은 첫째로, 얼마 남지 않은 시간의 끝이 다가오고 있다는 실감이 나기 때문입니다. 참고로 40대는 중간관리직으로 산더미처럼 많은 일에 쫓기고 있고, 또 개인적으로도 바쁜 시기라서 차분히 생각할 여유가 없었지요. 50대가 되면 개인적인 일도 어느 정도 한숨 돌리게 되고, 직책 또한 어떤 의미에서는 '종료' 상황에 가깝기도 해서 문득 '나의 회사원 인생은 뭐였을까' 하고 생각할 시간이 생깁니다. 이것이 바로 조바심의 원인입니다.

일에 열중한다고 고민이 사라질까?

당장 눈앞에 놓인 일에 열중하면 이 '조바심'에서 벗어날 수 있을까요? 아니, 그렇지 않습니다. 기본적으로 일에는 끝이 없습니다. 사람 마음이라는 것이 매출 1,000억 원을 달성하면 다음에는 2,000억 원을 목표로 삼고 싶어집니다. 또 신제품 개발에 성공하면 다음에는 그것을 어떻게 개선해나갈지 궁리하게 되고요.

옆에서 보기에 충분히 차고 넘칠 정도로 실적을 올리고 있는 사람조차 이 '조바심'에서 벗어나기가 힘듭니다. 많은 경영자가 선뜻 후진들에게 길을 내주지 못하는 것도 조바심이 원인입니다.

학창 시절 이후로
다시 한번 '인생의 선택'을 강요당하는 50대

이쯤에서 생각해보세요. 왜 그토록 조바심을 내는 것일까요. 그것은 '아직 뭔가를 해낼 수 있는 시간이 있기 때문'입니다.

더는 돌이킬 여지가 없다면 후회는 할지언정 '조바심 내는' 감정은 들지 않겠지요. 뭔가를 할 수 있는데 무엇을 하면 좋을지 모르겠다는, 다시 말해 50대가 느끼는 '조바심'의 정체는 갈피를 못 잡고 헤매는 '미혹'입니다.

사실 50대에게 주어진 선택지는 숱하게 많습니다. 정년퇴직한 후에 재고용되어 65세까지 회사에 그대로 있을 수도 있고, 또 조기퇴직을 택해 다른 회사로 옮기는 일도 가능합니다.* 정년을 맞이하고 나서 미련 없이 회사를 그만두고 취미 생활하며 사는 것도 (돈만 있

---

* 한국의 기업체 정년은 55세에서 2014년 5월부터 5년을 연장한 60세로 의무화되었으며, 65세로 정년을 연장하는 논의가 점차 이루어지고 있다.

으면) 가능하고, 또 창업해서 개인사무실을 마련해 80세를 훌쩍 넘어서까지 일하는 사람도 있습니다.

이렇게까지 많은 인생의 선택지가 주어지는 때는 아마 학창 시절 이후로 처음이겠지요. 가고 싶은 학교나 하고 싶은 공부, 또 하고 싶은 일이나 들어가고 싶은 회사를 선택하는 그 시절 이후로 50대는 인생의 선택을 강요당하고 있는 셈입니다.

이제 조바심의 정체가 미혹이라는 것을 알게 됐으니 그것을 치료할 백신은 명확합니다. 바로 '해야 할 일을 정하는 것', 즉 나는 50대에 '이것만 한다'고 분명히 정하는 것입니다. 해야 할 일이 정해지면 미혹은 사라지고 또 조바심이 사라질 것입니다.

이 책에서는 정년 이후의 인생을 여유롭게 보내고 있는 인생 선배들이 50대에는 어떤 것에 집중했는지, 무엇을 버리고 무엇을 지켜가며 슬기로운 50대를 보내왔는지 소개합니다. 수많은 선택지 앞에 선 50대, 이제부터는 이기적으로 살아도 좋다는 생각으로 '이것'만 하면 충분히 즐겁고 행복한 인생을 만끽할 수 있을 것입니다.

◀ 다시 한번 생각해보기 ▶

50대는 선택지가 있어서 오히려 헤매고 조바심을
낸다. 따라서 '이것만 한다'고 정하고 나면 답답하고
막연했던 마음을 떨칠 수 있다.

02

'회사, 중심이 아닌 '나, 중심으로 인생의 주도권을 되찾자

회사나 상사의 명령에 충성하며 순종해온 30년. 하지만 이와 같은 생각으로 50대를 보내면 정년 퇴직 후에 난감한 일이 생길지도 모른다.

회사에 충성을 맹세한들 결국은 짝사랑

'50대에 할 일'을 정하기 위한 대전제로서 전하고 싶은 말이 있습니다.

회사생활을 오래 한 직장인은 '회사인간에서 벗어나자'는 생각을 꼭 가져야 합니다. '무조건 회사가 우선'이라는 생각에서 벗어나자는 말로 바꿔 말해도 좋습니다.

어찌 보면 직장인 인생이란 회사에 휘둘리는 인생이기도 합니다. 인사발령 하나로 때로는 해외로 전근 가거나, '인사 평가'라는 모호한 기준에 휘둘리고, 또 제아무리 열심히 일한들 회사 실적이 나빠지면 상여금이 줄어드는 것을 감수해야 합니다.

그러한 조직의 쓴맛, 단맛, 다 맛보면서 50대가 되면 어느 정도의 지위에 오르고 정년이 되면 두둑한 퇴직금을 받을 수 있는, 그것이 예전 8~90년대 '회사 인간'의 최종 목표였습니다.

하지만 지금은 다릅니다. 직급정년이라는 이름 아래 관리직에서 물러나 파견근무로 다른 회사로 내쫓기는 일이 있습니다. 퇴직금이나 연금도 지금 이대로라면 충분하다고 할 수 없는 시대가 되었습니다. 또 정년퇴직하고 나서 재고용되어 계속 일하더라도 급여는 큰 폭으로 줄어들고 말지요.

한마디로, 아무리 '회사가 우선'이라고 충성을 맹세한들 회사는 이제 당신을 지켜주지 않습니다. 40대까지는 회사에 몸 바쳐 일하면 그럭저럭 출세의 길이 열렸지만, 50대가 되면 그 싹도 없어집니다. 회사를 위해 계속 충성하며 일해봤자 슬픈 짝사랑으로 끝날 뿐입니다.

'회사가 하는 말에 따르지 않는 것'이
재활 훈련이 된다

이왕 이렇게 되었으니 우리는 그 환경 변화에 적응하기 위해 '회사 인간'이라는 '조직 구성원'에서 '자신'이라는 '한 개인'의 인생을 되찾을 필요가 있습니다.

어차피 정년이 되면 상사도 없고 회사로부터 지시나 명령도 없어집니다. 오직 자기 판단만으로 살아가는 생활이 시작되지요. 회사가 말하는 대로 일하는, 그저 지시를 기다리는 자세로는 뒤처지기 쉽습니다.

어느 기업에서 제조 부문 외길을 걸어온 A 씨는 55세에 직급정년을 앞두고 회사에 제안하여 '품질관리부'인 부서(1인 부서)를 신설했습니다. '자기가 부리던 부하직원 밑에서 일하는 것은 죽어도 싫다'라는 이유가 있기도 했지만, 베테랑의 지혜를 빌리고 싶은 현장에서 와달라는 요청이 쇄도했다고 합니다.

식품회사에 근무한 O 씨는 55세에 관련 회사로 파견을 나갔습니다. 하지만 '아무리 생각해도 이 일로는 자신의 능력을 발휘하기 힘들겠다' 싶은 생각이 들어 회사에 직접 담판을 짓고 본사로 복귀했습니다. 그 후로는 스트레스 없이 일할 수 있었다고 합니다.

이러한 행동을 '제멋대로, 혹은 이기적'이라고 생각하는 사람이 있을지도 모르겠습니다. 하지만 어떤 의미에서 '제멋대로, 또 이기적으로' 사는 것이 50대에게 요구되는 일이 아닐까요. 자신에게 의미가 없다고 생각되는 일은 거절하면 됩니다.

회사가 시키는 대로 아무 의심 없이 일하는 것이 아니라, 한 걸음 물러선 입장에서 '정말 이 일을 해야 하나'를 골똘히 생각해야 합니다. 아울러 스스로 취사 선택하여 자신은 물론이고 회사를 위해서도 최선의 길을 찾는, 이것이 정년 이후에 '혼자서 생각하고 혼자서 결정하기' 위한 재활 훈련이 됩니다.

그 결과 '이기적인 사람', '성가신 사람'이라고 낙인이 찍힌다 해도 어차피 회사원 인생은 기껏해야 앞으로 10년 남짓. 그렇게 마음을 고쳐먹으면 괜찮지 않을까요.

◗ 다시 한번 생각해보기 ◖

50대를 보내는 10년 동안은 '회사 인간'이라는 사고
방식에서 벗어나기 위한 재활 훈련 기간으로 삼는다.

03

'지금까지 해온 일을 어떻게 남길 것인가, 생각한다

인생의 대부분을 걸고 해온 일. 자신의 발자취를 남긴다는 의미에서나 또 후배들에게 도움이 되고자 하는 의미에서나 뭔가의 형태로 남겨두고 싶은 것은 자연스러운 감정이다.

'자신이 해온 일을 남기는' 것은 누이 좋고 매부 좋은 일

"50대가 되면 의미 없는 일은 거절하라"고 말했습니다. 그렇다면 50대가 해야 할 '의미 있는 일'은 무엇일까요. 그중의 하나로, 어쩌면 가장 소중한 일, 그것은 바로 '자신이 해온 일을 흔적으로 남기는' 것입니다.

내가 일하는 연수처에 동영상 전송과 VR(Virtual Reality) 솔루션을 담당하는 회사가 있습니다. 동영상을 이용하여 제조현장의 기술이나 장인의 기술을 계승하는 프로젝트가 최근에 부쩍 많아졌다고 합니다.

이러한 현장의 전문가인 사람들은 '어깨너머로 보고 배워라' 같은 고압적인 태도를 보이며 솔선해서 후배들에게 기술을 전수하려고 하지 않겠지, 하고 생각했는데 실제로는 반대였습니다. 쉽사리 말로 전하기 어려운 것이 많아 귀찮아했을 뿐이지, 동영상은 그런 부담이 없는 까닭에 누구나 기꺼이 협력한다고 합니다. 그도 그럴 것이, 자신의 기술과 재능이 계승할 가치가 있다고 인정받는 일에 기분 나빠할 사람은 없을 테니까요.

'자신의 견해를 후세에게 남기고 싶다'고 하는 욕심은 지극히 자연스러운 것일 뿐 아니라 모든 분야에서 커지고 있습니다. SNS로 누구나 부담 없이 자기 생각을 표현할 수 있게 된 영향이 한몫했겠지요.

이러한 방법은 회사로서도 환영입니다. 덧붙여 말하자면, 의욕이 떨어진 50대가 의욕을 낼 수 있는 일이라는 의미에서 회사로서도 유익한 인사 시책이 됩니다.

'트러블 대책 매뉴얼'이
큰 인기

조금 독특한 사례를 소개하겠습니다. 오랫동안 IT 업계에서 활약해 온 T 씨가 남긴 것은 '트러블 대책 매뉴얼'입니다.

어느 기업에서나 시스템 트러블은 기업에 커다란 손해를 입히기 쉽습니다. 시스템 엔지니어로 다년간 일해온 T 씨는 '이러한 안건은 트러블이 잘 생기겠다'고 하는 감이 딱 온다고 합니다. 이를테면 '분기 말에 영업부에서 억지로 밀어 넣은 안건', '규모와 달리 인원수가 턱없이 부족해 보이는 안건', '클라이언트가 발주에 익숙지 않아 요구사항이 당혹스러운 안건' 같은 것 말이지요.

T 씨는 이러한 '직감'에 지나지 않은 안건을 글로 옮겨서 실제로 트러블 대처법에 넣어 미리 사전에 트러블이 일어나지 않도록 '트러블 대책 매뉴얼'로 제공했습니다. 이것은 현장에서 아주 요긴하게 잘 쓰이고 있습니다.

자기 자랑이 아닌
담백한 '트러블 대책'을 만든다

'트러블 대책 매뉴얼'은 다른 분야에서도 얼마든지 응용할 수 있습니다. 가령 영업이라면 '고객 트러블 회피 매뉴얼', 제조라면 '라인 정지 전조 매뉴얼' 등이 그것입니다.

자신이 해온 일을 매뉴얼로 만들 때 자칫 범하기 쉬운 실수는 소위 '라떼는~'이 되어 버리는 것입니다. "나는 말이야, 이 정도로 굉장했어"라는 자기 자랑을 늘어놓는다면 누가 좋아할까요? 매뉴얼은 후배들에게 '그저 옛날이야기', '구닥다리 노하우'로 취급당하지 않도록 만들어야 합니다. 솔직히 말해 '가치가 있을지 없을지는 나중 문제'라고 생각해도 괜찮습니다.

그저 당신이 남기고자 하는 것을 담백하게 남기면 됩니다. 그렇게 하면 당신은 당신의 지혜를 체계적으로 정리할 수 있으며, 또 하고자 하는 의욕이 다시 샘솟으면 회사에도 도움이 된다고, 이렇게 딱 잘라 생각하면 좋지 않을까요.

◑ 다시 한번 생각해보기 ◐

50대가 되면 '회사 인간'을 마무리 짓는 활동으로 자신이 해온 일을 후배에게 남길 준비를 한다.

04

'하고 싶은 일,'과 '하고 싶지 않은 일,'의 균형을 맞춘다

회사원 인생은 '하고 싶은 일'보다 '해야 할 일'을 우선시하는 것이 당연하지만 50대는 그것만으로는 동기부여를 가질 수 없다.

본업 이외에 여기저기 손을 댄 어느 부장님

리쿠르트*의 잘나가는 부장이었던 I 씨의 입버릇은 '하고 싶은 일과 하고 싶지 않은 일의 균형을 맞추자'였습니다.

다년간 인재개발사업에 종사하다가 정보통신 사업부의 부장을 거친 I 씨이지만, 이와 동시에 목장과 스키

---

*   일본을 대표하는 기업 중 하나로 구인광고, 인재파견, 판매촉진 서비스 등을 제공한다.

리조트 설립 사업을 하는 등 여러 가지 일에 손을 댔습니다.

I 씨 생각에 정보통신 사업부의 부장이 하는 일이란, 아무도 맡을 사람이 없는 '죽 쒀서 개 좋은 일을 하는' 일이기도 했고 결코 '하고 싶은 일'이 아니었습니다. 그래서 다른 사업에도 손을 뻗어 '하고 싶은 일'과 '하고 싶지 않은 일'의 균형을 맞추고 있었던 셈이지요.

마침내 I 씨는 리쿠르트를 떠나게 되었지만, 그 이후로도 대기업의 고문으로 일하는 한편 계속해서 좋아하는 레스토랑 경영에 손을 대기도 하면서 '하고 싶은 일과 하고 싶지 않은 일의 균형을 맞추는 것'으로 여유로운 정년 이후를 보내고 있습니다.

50대에는 '하고 싶은 일'이
하늘에서 뚝 떨어지지 않는다

I 씨의 말을 50대 여러분이 꼭 유념했으면 좋겠습니다.

50대가 되면 출세도 이제 슬슬 끝이 보이고 회사에서 중요한 일을 맡을 기회가 적어집니다. 그럴 때일수록 동기부여를 어떻게 유지할지가 중요합니다. 앞서 말한 '노하우를 남기는 것'도 그런 일 중에 하나지만 '하고 싶은 일에 적극적으로 손을 대는 것'도 하나의 방법입니다.

출판사에서 오랫동안 편집자로 일해온 어떤 사람은 50대에 관리직에서 물러난 후에 "베스트셀러는 못 만들지만 가치가 있는 책이라면 만들 수 있다"고 말하며 책 만들기에 전념, 실제로 몇 년 후에 어떤 책이 큰 상을 받아 회사의 브랜드 가치를 크게 높였습니다.

앞서 말했듯이, 하고 싶은 일을 하기 위해 '1인 부서'를 만든 사람이 있습니다. 50대에는 가만히 있어도 '보람 있는 일'이 하늘에서 뚝 떨어지지 않습니다. 어느 정도 이기적으로 살면서 스스로 먼저 적극적으로 손을 들어야 합니다.

회사 임원에서
메밀국수 가게 주인이라는 이색 커리어

때로는 개인적인 '하고 싶은 일'이라도 괜찮습니다.

이번 사례도 리쿠르트의 대선배인 M 씨의 이야기입니다. 그는 똑똑하고 유능해서 이사직, 감사직 등 탄탄대로의 출세 가도를 달리고 있었지요. 하지만 원체 현장에서 일하는 것을 좋아한 M 씨는 이러한 업무가 재미없었습니다.

그때 빠져든 것이 '메밀국수를 만드는 취미'였습니다. M 씨에게 메밀국수를 만드는 일은 '하고 싶은 일'과 '하고 싶지 않은 일'의 균형을 맞추는 데 필요했던 셈이지요.

이 이야기는 여기서 끝나지 않습니다. M 씨는 50대에 회사를 퇴직하고 '국수가게'를 열었습니다. 원래 고집과 뚝심이 있는 사람인지라 M 씨의 가게는 잡지에 실릴 정도로 유명한 맛집이 되었습니다. 균형을 맞추기 위한 취미 생활이 진짜 본업이 된 것입니다.

'정년 이후'에 '자신이 무엇을 하고 싶은지'를 묻고 또 물어야 합니다. 다만 오랜 회사원 생활로 자신의 의사를 드러내지 않는 것에 익숙해진 사람은 이것을 찾지 못해 많이 힘들어합니다. 부디 50대에 '자신이 정말로 하고 싶은 일'을 찾기 바랍니다.

◀ **다시 한번 생각해보기** ▶

50대가 되면 깊이 생각해서 '하고 싶은 일'과 '하고 싶지 않은 일'의 균형을 맞추도록 한다.

05

정년 이후 찾아오는 '청춘, 의 콘셉트를 만든다

정년 이후에 '아무 생각 없이' 시간을 보내고 있는 고령자를 보면 나는 저렇게 되지 말아야지 싶은 생각이 든다. 하지만 이대로라면 나 역시 그 길을 따라갈 것 같은 예감이….

인생의 막바지에 다시 한번 '청춘'이 온다

프랑스의 노벨문학상 수상자인 아나톨 프랑스는 "만일 내가 신이라면 청춘을 인생의 끝에 두었을 것이다"라는 명언을 남겼습니다.

수많은 선택지가 있고 마음만 먹으면 하고 싶은 일을 하고, 또 하고 싶은 대로 할 수 있는 정년 이후는 그야말로 청춘 그 자체입니다. 그것도 '제

제1장 50, 지금부터는 이기적으로 살아도 좋다

2의 청춘'이 아니라, '지금이 제1의 청춘'이라는 생각을 가졌으면 좋겠습니다.

정년 이후에 아무것도 할 일이 없어 그저 시종일관 무료하게 시간을 보내는 노인들이 참 많습니다. 쇼핑센터나 백화점 소파, 도서관 같은 공공시설에서 온종일 무료하게 시간을 보내고 있는 노인들을 볼 때마다 안타깝다는 생각이 들곤 합니다.

'가슴 설레는 콘셉트 만들기'가 중요

그렇게 되지 않으려면 50대는 '정년 이후를 위한 도움닫기 기간'으로 준비하자는 것이 바로 이 책에서 전하고 싶은 말이지만, 그러려면 먼저 스스로 '정년 이후를 어떻게 보내고 싶은지'를 그려둘 필요가 있습니다.

그저 막연하게 생각하면 '이것도 하고 싶고, 저것도 하고 싶고' 좀체 생각이 정리되지 않습니다. 그래서 권하고 싶은 것이 '콘셉트 만들기'입니다. 자신의 정년 이후의 콘셉트를 짤막하게 캐치프레이즈처럼 표현해보는 것입니다.

다음은 실제로 인생 선배들에게 들은 '정년 이후 콘셉트'의 사례입니다.

- 남의 기쁨을 위해 살리라
- '일', '취미', '자원봉사'의 삼위일체
- 4근 3휴(4일 근무하고 2일 쉬고 1일 골프)
- 평생 현역
- 책임으로부터 해방되어 느긋하게 일한다
- 체력이 남아 있을 때 열심히 놀자
- 손주 돌보기 중심

어떤가요? 하나같이 제각각이고 제멋대로이지만 그래도 좋습니다. 자유롭게 생각하고 가장 두근두근 가슴 설레는 콘셉트를 적어보세요.

돈에 대한 계획만으로는 가슴이 설레지 않는다

내 주변에는 70세를 넘어서도 현역으로 왕성하게 일을 계속하는 사람, 일주일에 며칠만 일하고 나머지 시간은 취미 생활에 몰두하는 사람, 요청을 받아 지역사회의 일을 하거나 자원봉사 활동을 하면서 매일매일 바쁘게 지내고 있는 사람 등 다양한 사람이 있습니다. 현역에서 일할 때보다 지금이 훨씬 즐겁다고 말하는 사람이 수두룩합니다.

그들의 이야기를 들어보면 그것을 콘셉트로 하고 있는지 어떤지는 차치하고서라도 아무튼 '어떤 정년 후를 꿈꾸고 있는지'가 상당히 명확하다는 느낌을 받습니다.

여기서 주의할 것은 '60세에 퇴직금을 얼마 받고 70세에 일을 그만두고…'와 같은 이른바 '정년 이후의 생활 계획'과는 사뭇 다르다는 점입니다. 돈에 대한 계획을 생각하는 것은 중요하지만 결코 '두근두근' 가슴이 설레는 일은 아니니까요. 우선은 정년 이후에 두근두근 가슴 설레는 자신을 상상해 보고 돈이나 건강은 그 후에 생각해도 괜찮습니다.

일본에서 경영의 신이라 불리는 마츠시타 고노스케는 "청춘이란 마음의 젊음이다"라는 말을 좌우명으로 삼았다고 합니다. 무슨 일이든 두근두근 가슴 설레는 젊은 마음을 계속 가지면 평생 청춘으로 지낼 수 있지 않을까요.

50대일 때 정년 후의 '두근두근 가슴 설레는 콘셉트'
를 만들어두면 오랫동안 청춘의 마음으로 살아갈 수
있다.

06

50대 이후를 '4단계'로 나누어 생각한다

정년 이후의 30년은 길다. 막연하게 계획을 세우지 말고 4단계로 나누어 '되돌아보면' 훨씬 현실적인 계획을 그려볼 수 있다.

'30년을 한데 묶으면' 이도 저도 아니게 된다

상장기업에 '4분기 결산'이 의무화된 이유는, 변화가 격심한 오늘날에는 일 년에 한 번, 반년에 한 번 정보를 개시해서는 도저히 사실을 제대로 파악할 수 없기 때문입니다. 미리미리 경영 상황을 파악해두면 문제점을 재빨리 알아채서 곧바로 적절한 개선이나 수정을 할 수 있으니까요.

그렇게 생각했을 때 '정년퇴직 이후의 계획'을 대충 30년을 통째로 묶어서 만들어도 괜찮을지 의문이 듭니다. 원래 도중에 이정표를 두지 않으면 그 계획이 예정대로 진행되고 있는지 어떤지조차 인생의 마지막까지 모르게 됩니다.

이 책에서는 4분기 결산은 아니더라도 준비 기간을 포함한 50대의 정년 후 계획을 4단계로 구분할 것을 제안합니다.

구체적으로는 다음과 같습니다.

50대 이후를 4단계로 나눈다

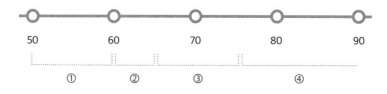

① 50~59세: 준비 기간

② 60~64세: 시행/수정 기간(세밀하게)

③ 65~74세: 진정으로 자신을 위한 인생(현실 생활 전반기)

④ 75세~: 진정으로 자신을 위한 인생(현실 생활 후반기)

이 또한 기업경영, 부문경영과 마찬가지로 제각기 시기마다 되돌아보고 혹시라도 예정대로 진행되고 있지 않으면 수정해나갑시다. 즉, PDCA 사이클(Plan-Do-Check-Act)을 돌리는 것이지요. 하나하나 설명해가겠습니다.

① 50~59세: 준비 기간

지금까지 숱하게 많은 고령층의 이야기를 들어왔는데 하나같이 모두 가장 후회하는 것으로 '정년 후의 인생 설계를 정년 전에 해두었더라면!'이라는 것이었습니다. 물론 바빠서 그럴 여유가 없었다는 사람도 있지만, 대개는 '그렇게까지 바쁘지 않았는데 그냥 생각하는 것을 회피했다'고 하는 것이 현실입니다.

준비 기간은 실제 행동으로 옮기기 전의 검토 단계를 포함하여 당연히 길면 길수록 좋습니다. 50세에 접어들자마자 바로 10년 정도 할애하면 충분히 준비할 수 있습니다. 이직이나 이적, 독립을 준비하고 잘할 수 있는 일의 범위를 확장할 수 있으며, 또 자신의 시장가치를 높이는 데 필요한 자격증을 취득할 수 있습니다.

② 60~64세: 시행/수정 기간(세밀하게)

아무리 시간을 들여서 준비해도 정년 후의 인생이 상상한 대로 펼쳐지기는 어렵습니다. 내 주변에는 60세에 '정년퇴직 후 재고용의 길'

을 마다하고 다른 회사로 이직을 택한 사람이 제법 많았는데, 그중에서 상당수가 맨 처음에 이직한 회사를 단기간에 관두었습니다. 아마 뭔가 잘 맞지 않은 부분이 있었던 것이겠지요. 다만 그 실패를 자양분으로 삼았는지 그 이후에 이직한 회사에서는 정착한 사람이 많았다고 합니다.

이러한 현실을 보면 아무래도 정년 직후부터 5년 정도는 처음부터 '시행착오'하는 기간으로 생각하고 한 번에 잘 안 되더라도 포기하지 말고 수정하면서 세밀하게 조정을 되풀이하는 시기로 삼는 것이 좋겠습니다.

반대로 아직 때가 오지 않았다고 생각하고 재고용의 길을 택하는 방법도 당연히 있을 테고요.

③ 65~74세: 진정으로 자신을 위한 인생(현실 생활 전반기)

65세 이후는 일의 책임이나 스트레스로부터 해방되고, 자녀도 독립하며, 주택 대출금도 끝나 진정한 의미로 '자유로운' 삶을 살 수 있는 시기라고 생각합니다. 나 자신을 위해 사는 인생을 용인해주는 전성기라고 해도 좋겠지요. 그래서 이 시기를 '현실 생활 전반기'로 이름 붙였습니다.

물론 은퇴해서 자유롭게 마음대로 취미를 즐기는 생활도 좋겠지요. 하지만 65세 이후에도 '일한다'는 선택지를 꼭 넣기 바랍니다. 요즘 6~70대는 취미 생활만으로 살기에는 너무 건강하고 기운이 넘치기 때문입니다.

이전부터 경영자나 임원, 자영업자는 '평생 현역'으로 체력이 허락하는 한 일을 계속했었지요. 하지만 요즘에는 평범하게 회사원 생활을 한 사람이 이직 제안을 받아 다른 기업으로 취업하는 사례가 흔해졌습니다.

어느 세무법인의 대표 세무사에게 들은 이야기입니다. 60대 중반에 은퇴한다는 전제로 퇴직금용으로 생명보험을 드는 사람이 많지만, 실제로는 그 나이가 되더라도 은퇴하지 않고 일을 계속하는 사람이 늘고 있다고 합니다.

기본적으로 생명보험은 65세쯤 은퇴하는 것을 이상적으로 보고 설계하고 있습니다. 65세 이후에도 일을 계속하면 계약 해지 반환율이 낮아지고 본인에게 손해가 되지만 그런 것은 아랑곳하지 않는다고 합니다.

풀타임이 아니라도 괜찮으니 현실 생활 전반기를 즐길 수 있는, 모쪼록 보람 있는 일을 고민해보기 바랍니다.

④ 75세~: 진정으로 자신을 위한 인생(현실 생활 후반기)

인생의 후반기에 해당하는 75세부터는 일부러 '현실 생활 후반기'로 전반기와 구분했습니다. 아무래도 그 정도 나이가 되면 건강상의 문제가 늘어나는 까닭에 현실 생활 전반기와 똑같은 생활이 어려워지는 사례가 나오기 때문입니다.

나중에 이야기하겠지만 실컷 골프를 즐기면서 정년 후를 맞이할 생각이었는데 그만 병에 걸려 골프를 못 하게 된 사람이 있습니다. 계획이 틀어지면 어떻게 할 것인지 그것까지 생각해놓으면 훨씬 안심하며 정년 이후를 맞이할 수 있지 않을까요.

> **◀ 다시 한번 생각해보기 ▶**
>
> 인생의 후반전을 후회하지 않으려면, 50대 이후를 4
> 단계로 나누어 PDCA 사이클(Plan-Do-Check-Act)을
> 돌린다.

07

'남은 인생이 앞으로 1년,'이라고 생각해본다

실로 심각한 문제가 되고 있는 '50대의 동기부여 위기'. 그 이유는 정년 후가 길고 선택지가 너무 많아서인지도 모른다. 관점을 바꿔서 숫제 '정년 후는 짧다'고 생각해보자.

몹시 심각한
'50대의 동기부여 위기'

요즘 자주 듣는 '50대의 동기부여 위기'는 정말로 심각합니다.

"직급정년 때문에 나란 존재의 가치를 못 느끼게 되었다"
"아무 성과도 내지 않고 그대로 정년을 맞이하려고 한다"
"완전히 일에 질렸다"

"자식이 독립하자 일할 목표를 잃었다" 등등 그 이유는 천차만별이지만 점점 상황이 나빠져서 무기력의 늪에 빠져버린 사람을 여럿 봤습니다.

나 역시 이러한 동기부여 위기와 무관하지 않았습니다. 그래서 얼마나 참고가 될지 모르겠지만 내가 어떻게 그 상황에서 벗어났는지 이야기하려고 합니다.

'어디 두고 보자!' 하며
열심히 살았는데…

50대 중반의 어느 봄, 아무 의욕도 나지 않은 무기력한 나날이 계속되었습니다. '환절기라서 그래' 하며 처음에는 대수롭지 않게 넘겼지요. 하지만 그 상태가 한 달 넘게 이어지자 역시 걱정이 되기 시작했습니다.

곰곰이 생각해보니 그 원인 같은 것이 보였습니다.

나는 젊었을 때부터 굳이 말하자면 '젠장, 어디 두고 보자!' 하는 콤플렉스를 발판으로 열심히 노력하는 유형이었습니다.

"인생에서 가장 빛나는 순간은, 이른바 영광의 순간이 아니라 오히려 낙담하고 절망하면서 인생에 다시 도전하고 미래에 성공할 수 있다는 희망이 차오를 때"라고 한 플로베르의 말을 좌우명으로 삼고 살았습니다. 리쿠르트에서 최고의 영업 사원 자리까지 오르고 자비 유학으로 MBA를 마치고 독립해서 어떻게든 사업을 궤도에 올려놓았지요.

그리고 맞이한 50대. 성공한 덕분인지 오랜 세월 품고 살았던 콤플렉스가 사라졌습니다. 무척 기뻐해야 마땅한 일인데 어찌 된 영문인지 콤플렉스를 발판으로 살아온 나는 '번아웃 증후군(탈진 증후군)' 같은 상태가 되어 인생에 대한 의욕을 잃고 말았습니다.

'생사관'을 생각하자
잃어버렸던 동기부여가 부활

그러던 중 '생사관'(生死觀)이라는 말을 접하고 나서 무기력한 상태에서 회복할 수 있었습니다. 유명 작가이자 직장인들의 멘토로 맹활약 중인 다사카 히로시 씨가 글로비스의 'G1'에서 강연했을 때 〈리더가 지녀야 할 '생사관', '각오'란?〉이라는 동영상을 우연히 본 것이 계기가 되었습니다.

'사람은 반드시 죽는다', '인생은 한 번밖에 없다', '사람은 언제 죽을지 모른다'고 하는 '세 가지 진실'과 마주하라고 설파하는 다사카 씨의 이야기가 가슴에 콕 박혔습니다.

그래서 나는 '앞으로 남은 인생이 일 년이라면 무엇을 할까'를 생각하고 그것을 의식하면서 생활해보기로 했습니다. "오늘이 인생의 마지막 날이라면 지금 하려는 일을 정말로 할 것인가?"를 매일 스스로 자문했다는 스티브 잡스의 이야기는 유명하지만, 그렇다고 '하루'라면 현실성이 너무 떨어져서 '일 년'으로 했습니다.

그렇게 살날의 기한을 정하고 나니 오히려 무엇을 하고 싶은지, 무엇을 해야 할지가 또렷해지더군요. 조금씩이긴 하지만 원래의 동기부여를 회복할 수 있었습니다.

정년 후는 길고 다양한 일을 할 수 있는 '청춘' 시절입니다. 그래서 무엇을 하면 좋을지 갈팡질팡하는 것도 어쩔 도리가 없는 사실이고요. 그런 분은 꼭 '앞으로 일 년밖에 살지 못한다면 어떻게 할지'를 생각해보세요.

◀ 다시 한번 생각해보기 ▶

50대에 갈피를 못 잡고 헤매는 일이 생긴다면 '앞으로 일 년 동안 무엇을 할 수 있을지'를 생각해본다.

60대 이후의 '불편한 숫자'

'평생 한 회사에서 근무하다
정년퇴직을 맞이하는' 시대는 끝

일본 리쿠르트 워크 연구소가 2019년에 행한 〈전국 취업 실태 패널 조사
(JPSED)〉에 의하면 61세 직장인의 30.1%가 정년퇴직 후 재고용자(촉탁직),
39.7%가 이직자입니다. 더불어 정사원의 계속 고용률은 18.0%로, 정년퇴직
후의 커리어 패스(Career path)는 재고용이 가장 많을 것이라 예상했지만 실
제로는 그렇지 않았습니다. 또한 '정년 이전'의 50대 사이에서는 4분의 1가량
이 다른 기업으로 이직하고 있습니다. 한마디로 '평생 한 회사에서만 근무'하
는 사람은 의외로 많지 않다는 것을 알 수 있었습니다.

참고로 이 조사에 따르면 60세 시점에 '은퇴'를 선택하는 사람은 7.9%, 65세
에서는 34.4%가 됩니다. 60세에 은퇴하는 사람은 많지 않지만 65세가 되면
3분의 1가량이 은퇴의 길을 택하는 것으로 보입니다.

60대의 커리어 패스(Career path)

연령별 커리어 패스 분포

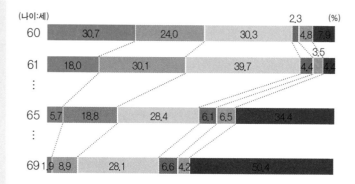

■ 정사원 계속 취업자(50세 때와 동일 기업)
■ 정년 후 재고용자(50세 때와 동일 기업)
　이직자(현재 고용자·임원)
■ 이직자(현재 자영업·창업)
■ 비취업자　■ 은퇴자

※ 50세 시점에 정사원이며, 현재 50~69세 남성을 대상으로 했다. 각 커리어 패스에 해당하는 비율을 현재 연령별로 집계하여 유사하게 50세부터의 커리어 패스를 표시한 것이다. 50세 시점의 동일 개인에 관하여 50세부터 69세까지의 추이를 집계한 것은 아니다.

자료 출처: 일본 리쿠르트 워크 연구소
〈전국 취업 실태 패널 조사(JPSED)〉(2019)
에서 발췌

이 조사에서 추정하여 계산한 50~69세의 비자발적인 은퇴자가 대략 450만 명 존재한다는 사실이 조금 마음에 걸립니다. 그중에는 건강상의 이유도 있겠지만 자신에게 맞는 일자리를 찾지 못한, 이른바 '미스매치 은퇴'가 159만 명 있습니다. 중소기업 등에서는 일손 부족이 심각한 상황인데 참으로 안타깝습니다.

연봉이 절반으로 줄어들었다는 것은 과장되긴 했지만 '4분의 3'은 틀림없는 사실

'연봉'은 어떻게 될까요. 독립행정법인 노동정책연구・연수기구의 2020년 조사자료에 의하면 60대 전반의 풀타임 근무를 하는 상근직 직원의 평균 연봉은 3,893만 원입니다. 이는 업종에 따라 크게 차이가 납니다. 이를테면 금융이나 보험업은 평균 5,265만 원, 교육이나 학습지원업무는 4,987만 원, 건설업은 4,983만 원이지만 제조업은 대부분 연봉이 4,000만 원에 미치지 못하고 서비스업은 평균 이하인 3,379만 원입니다.

이와 관련하여 '정년퇴직 후 재고용 시 연봉'에 관해서는 다른 조사도 있지만 대략 이와 유사하거나 이 금액보다 500만 원가량 낮은 통계조사가 있습니다. '정년퇴직 후 재고용되어 급여가 신입사원의 평균이 되는 것'은 현실적으로 있을 수 있는 사례입니다.

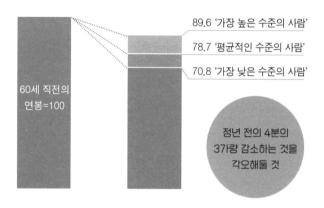

정년 후 연봉은 얼마나 줄어들까?

89.6 '가장 높은 수준의 사람'
78.7 '평균적인 수준의 사람'
70.8 '가장 낮은 수준의 사람'

60세 직전의
연봉=100

정년 전의 4분의
3가량 감소하는 것을
각오해둘 것

자료 출처: 독립행정법인 노동정책연구소 • 연수기구의 조사(2020년)

이번 조사는 60세 직전의 수준을 100으로 했을 때 그 이후의 임금이 얼마나 줄었는지에 관한 조사도 겸하고 있습니다. 이에 따르면 '가장 높은 수준의 사람'이 89.6, '평균적인 수준의 사람'이 78.7, '가장 낮은 수준의 사람'이 70.8이 됩니다. 역시 '연봉 절반 삭감'은 과장되긴 했지만 4분의 3가량 줄어들었다는 것이 현실입니다.

참고로 '61세 이후의 연봉 감소 폭이 작은 업종'으로는 건설업, 의료 • 복지, 요식업, 서비스업, 운송업을 들 수 있고, 감소 폭이 큰 업종으로는 금융과 보험업, 소매업, 부동산업, 제조업 등을 들 수 있습니다. 뭉뚱그려서 말하기는 어려우나, 이 숫자가 업계마다 요구하는 고령자 인재의 필요성을 나타내고 있을지도 모릅니다.

최근 20년 동안에
퇴직금이 1억 원이나 줄었다

한 가지 더 잔혹한 숫자를 말하겠습니다. 후생노동성의 조사를 보면 2018년 대졸 정년퇴직자에게 지급한 퇴직금 평균은 1억 8,578만 원이었습니다. 그리 나쁘지 않다고 생각하지만 실제로는 20년 전인 1997년과 비교하면 대략 1억 1,221만 원이나 감소했습니다. 한편, 근속 20년부터 29년 사이의 퇴직자에 대한 퇴직금은 2013년부터 2018년에 걸쳐 증가하고 있습니다. 이것이 의미하는 바는 조기퇴직 제도에 따른 할증금이 증가했다는 것입니다.

얼마 전에도 대기업에서 퇴직금을 4억 원 더 얹어주며 조기 희망퇴직자를 모집한다는 뉴스가 나왔습니다. 그 정도의 금액을 일시적으로 지급해서라도 인원 감축을 하고 싶은 것이 기업의 솔직한 속내입니다.

이 통계를 보고 떠오르는 생각은 저마다 다르겠지만 연봉 3,000만 원대는 너무 적다고 느끼는 사람이 있을 테고, 일단 그 정도면 충분하다고 생각하는 사람도 있을 것입니다. 또 이렇게나 이직하는 사람이 많다면 이직을 전제로 나도 한번 생각해볼까, 하는 사람이 있겠지요.

한 가지 말할 수 있는 것은 '누구에게나 해당하는 일반적인 정년 후' 등은 존재하지 않는다는 사실입니다. 결국은 자신만의 고유함이나 스스로 납득할 수 있는 해결책을 찾아야 합니다.

제 2 장

어떻게 회사 인생과
이별할 것인가

01

출세 경쟁을 포기하고 스스로에게 '대범'해진다

출세 경쟁의 승패는 인생의 승패가 아니다. 오히려 '일찌감치 출세 경쟁을 포기한' 사람이 행복한 인생을 보낼 수도 있다.

'출세 경쟁을 포기한 사람'이 즐거워 보이는 현실

출세 레이스는 이미 40대에 결말이 나기 마련입니다. 만일 자신이 출세의 길에 오르지 못했다면 40대 무렵에는 그것을 마음에 두고 끙끙 앓았을지도 모르겠지만, 50대가 되면 오히려 다행이라고 생각해야 합니다.

이렇게 말하는 이유는 내 경험상 50대 혹은 그 이전에 '출세 경쟁에서 발을 뺀 사람'이 마지막까지 출세 레이스에 참가한 사람보다 정년 이후에 즐거운 생활을 보내고 있기 때문입니다.

언제나 승패에 연연하며 경쟁자와 다투고 숫자에 일희일비하는 생활은 대부분의 사람들에게 적지 않은 스트레스를 안겨줍니다. 그리고 그것이 돌발성 난청, 공황장애 같은 질병으로 드러난 지인도 여럿 있습니다. 원인 불명의 병으로 알려진 메니에르 병*에 걸린 사람을 다섯 손가락으로 꼽고도 남을 정도로 알고 있습니다.

'아파서'
오히려 잘된 일도 있다

스스로 그런 생활의 문제를 알아챌 수 있는 사람은 흔하지 않습니다. 대부분은 역시 아파서 신체가 비명을 지른 사례입니다.

대형 시스템회사에 근무하는 N 씨는 메니에르 병과 신장결석을 앓다가 지하철역에서 쓰러져 구급차로 이송된 적이 있을 정도로 스트레스가 있었다고 합니다. N 씨는 그 당시 면담한 사내 의무실의

---

* 　갑작스러운 어지럼증과 더불어 청력에 문제가 생기고 이명이 지속되며 귀가 꽉 찬 느낌이 반복해서 발생하는 병. 반 고흐가 앓았던 것으로도 알려져 있다.

의사로부터 "무엇을 그렇게 두려워하고 있나요?"는 물음에 가슴이 뜨끔했다고 합니다.

'생각해보니 퇴원하고 나면 무사히 직장에 복귀할 수 있고, 만일 무슨 일이라도 생겨서 내가 일을 못 하게 된다 해도 아내가 일하고 있으니 수입은 어떻게든 되지 않을까. 지나치게 불안해할 일은 없다 …'고 생각하자 마음이 단번에 편안해졌다고 합니다.

다행히 지금은 시니어 스페셜리스트로서 후진 양성과 지도에 힘쓰는 일상을 보내고 있습니다.

출세에 연연하는 사람은 정년 이후에 후회한다

N 씨의 이야기로도 알 수 있지만 '회사 인간'으로부터 벗어나 '자신의 인생을 되찾기' 위해서는 '자신이 대체 무엇에 불안감을 느끼고 있는지'를 아는 것이 제일 중요합니다. 그 결과 '까짓것 승진하지 않아도 어떻게든 되겠지'라고 좀 대범하게 생각하면 쓸데없는 스트레스로부터 해방될 것입니다.

다만 이때 걸림돌이 되는 것은 '이겼다, 졌다'고 하는 이원론적인 사고방식입니다. 출세 레이스에 남은 사람이 성공한 사람이고, 그렇지 않은 사람은 실패한 사람. 이러한 사고방식에 얽매이다 보면 영원히 스트레스의 늪에서 헤어나지 못합니다.

이러한 승패는 그나마 앞으로 남은 10년 남짓한 회사원 생활을 할 때의 이야기일 뿐, 그 후의 30년에 관해서는 오히려 '지는 것이 이기는 것'이라 말할 수 있습니다.

이를테면, 출세 레이스에서 마지막까지 남은 사람은 아무래도 회사원 시절의 사고방식을 버리지 못해 정년 이후에 인간관계를 원만하게 맺지 못하는 사례가 많습니다. 한편 '실패한 사람', '병에 걸린 사람'은 비교적 순조롭게 커뮤니티에 들어가는 경우가 많습니다.

인간관계를 좁히는 대화의 꿀팁은 '실패담'과 '병에 걸린 이야기'입니다.

"그때 일을 크게 실패하는 바람에 승진에서 탈락하고 말았지", "어느 날 갑자기 천장이 빙빙 돌아서 말이야" 같은 실패담을 유쾌하고 즐겁게 말할 수 있는 사람은 금방 주변 사람들과 허물없이 사귈 수 있을 테지요.

인생이란 승자와 패자, 이원론적인 방식만으로는 도저히 이해할
수 없는 법입니다.

'출세 = 좋은 일'이라는 생각을 떨쳐버리자. 실제로
출세의 경쟁에 연연한 사람일수록 정년 이후에 고생
한다.

.

02

'나는 원래 어떤 사람일까,'를 철두철미하게 분석한다

자기분석이라면 '자신의 강점을 찾아내는' 것을 목적으로 하는 경우가 대부분. 하지만 50대에 행해야 할 것은 '자신의 원점'을 재검토하기 위한 자기분석이다. 그 구체적인 방법은 무엇일까?

어느새인가 '희망'을 갖지 않게 된 나

젊을 때는 누구나 하고 싶고 이루고 싶은 꿈과 희망이 많았을 테지요. 하지만 직장에서 일할 때 모든 것이 자신의 바람대로 진행되는 일은 그리 많지 않습니다. 오히려 언제나 하고 싶지 않은 일을 하게 되는 경우가 더 많았다고 토로하는 사람도 있습니다. 그렇게 회사 인생을 보내면서 "나는 도대체 무엇을 하고 싶었던 걸까" 하는 물음에 선뜻 답하지 못하는 사람이 대다수일 것입니다. '자신의 희망'이라는 생각을 마음속 깊은 곳에 꾹꾹 누르고 있어서 막상 끌어올리려고 해도 꿈쩍도 하지 않습니다.

이대로라면 남은 직장인의 인생을 뜻있게 보내는 일이나 정년퇴직하고 나서 희망하는 곳으로 재취업하는 일은 물 건너가겠지요. '좋아하는 일'과 '하고 싶은 일'을 잘해볼 수 있는 모처럼의 기회인데 그것을 찾지 못하면 의미가 없습니다.

'14가지 질문'에 답하기만 해도 자기 자신이 보이기 시작한다

안심해도 좋습니다. 당신의 마음속 깊은 곳에 자리한 생각이 사라지는 것은 아니니까요. 약간의 재활 훈련으로 그것을 떠올리기 쉽게 하면 됩니다. 바로 다음에 나오는 '14가지 질문'입니다.

커리어 관련 연수 등에서 나는 종종 이 질문에 대해 참가자들에게 물어보곤 합니다. 이 질문에 답하는 과정에서 "몇십 년 만에 과거에 했던 취미가 생각났다", "입사 지원 동기가 생각나서 스스로 깜짝 놀랐다" 같은 감상을 들었습니다.

자기분석을 위한 14가지 질문

❶ 무엇이 하고 싶어서 이 회사에 들어왔습니까?

   → 경력 채용자는 '지금 회사에'

❷ 당신의 강점은?

   → 절대적인 강점이 아닌 상대적인 강점. 편찻값으로 표현하면 52.5 이상의
      레벨로

❸ '강점'이라 생각하는 에피소드는?

   → '강점'이 된 스토리(이야기) 중에 그 '강점'이 발휘된 업무 에피소드

❹ '강점'까지는 아니지만 '잘하는 일'은?

   → 생각나는 대로 가능한 한 많이 열거하고 잘하는 순서로 정렬

❺ 당신의 '약점'은?

   → 되도록 구체적으로

❻ 일하면서 '실패'나 '좌절'한 경험은?

   → 되도록 구체적으로

❼ 가장 '의욕에 차서' 일을 했을 때는?

   → 누구와 무슨 일을 했을 때인지, 그때의 에피소드, 소중히 생각했던 것, 거기서
      깨달은 자신의 성향

❽ 가장 크게 일에 대한 '의욕을 잃었을' 때는?

   → 누구와 무슨 일을 했을 때인지, 그때의 에피소드, 그때 느낀 점, 거기서 깨달은
      자신의 성향

❾ 지금의 회사(조직)에 발자취로 무엇을 남기고 싶은가?

   → 자신이 거기에 있었다는 증표로서

⑩ 스스로 '어떤 사람이 되고(become 목표)' 싶은가?

→ 10년 후의 일, 수입, 자산, 사회와의 유대관계 등

⑪ 스스로 '어떤 사람이고(being 목표)' 싶은가?

→ ⑩의 '되고 싶은' 것이 미래라고 하면 '어떤 사람이고 싶은' 것은 지금 현재

⑫ 당신이 앞으로도 계속 친하게 지내고 싶은 사람은?(몇 명이든)

→ 무슨 일이 있어도 꼭 친하게 지내고 싶은 사람은?

→ 다음으로 친하게 지내고 싶은 사람은?

⑬ '남은 수명이 앞으로 일 년'이라고 통보받았다면 무엇을 하고 싶은가?

→ 이른바 생사관, 죽음을 의식함으로써 정말 하고 싶은 일이 명확해지기 쉽기 때문

⑭ 자기인식

→ ❶~⑬에 답하면서 그 내용을 찬찬히 분석했을 때, 어떤 점을 느꼈는지 자유롭게 생각해보세요.

이상의 질문에 대한 답은 꼭 종이에 쓰기 바랍니다. 그리고 가까운 곳에 두고 자주 다시 꺼내 보세요.

그리고 해마다 새롭게 다시 적어보기를 추천합니다. 그때 과거에 기록한 것을 버리지 말고 놔두면 자기 생각이 어떻게 변해 갔는지 알 수 있습니다.

자기분석의 아웃풋은 자기 자신이 어떠한 사람인지, 어디에서 와서 어디로 향하는지를 생각하는 데 지침이 될 것입니다. 재취업을 할 때 면접에서도 위력을 발휘할 테니 부디 효과적으로 활용해주기 바랍니다.

◆ **다시 한번 생각해보기** ◆

50대 때의 정확한 '자기분석'을 통해 정년 이후, 최적의 커리어를 이끌어 낸다.

03

자신이 해온 일을 '마무리'하고 새로운 인생 2막의 문을 연다

50대는 그래 봐야 10년, 그래도 10년. 성취할 수 있는 일이 무궁무진하다. 자신이 해온 일을 어떻게 집대성하느냐에 따라 정년 이후의 인생이 결정된다.

'완수했다는 느낌'을 가지고 회사 인생을 끝내고 싶다

이왕에 오랜 시간을 들여서 해온 일입니다. '완수했다'는 생각을 가지고 회사 인생을 끝낼 수 있을지 어떨지는 정년 후의 인생에 커다란 차이를 가져옵니다.

이른바 '마무리'를 어떻게 할지에 관한 이야기입니다.

직급정년이나 촉탁직이 된 다음, 동기부여가 떨어져서 아무리 해도 일할 의욕이 생기지 않아 그대로 정년까지 지루하게 시간을 보내고 말았다는 후회를 정말로 많은 사람이 하고 있습니다. 역시 사람은 무언가를 해냈다는 만족감이 있어야 다음으로 나아갈 수 있을지도 모릅니다.

무엇을 '마무리'할 것인지, 이 또한 당연히 저마다 다릅니다. 회사가 그러한 제시어를 알려준다면 좋겠지만 대개는 자기 스스로 생각해내야 합니다.

그 대표적인 것은 제1장에서 소개한 '현장의 지혜를 전수'하는 것입니다. 매뉴얼이 존재하지 않은 분야에서는 여기에 커다란 수요가 있습니다.

제일선이 아니라서
성취할 수 있는 일이 있다

한 가지 더, 일 그 자체로 발자취를 남기는 것입니다. 좀 전의 사례로 부품 회사에 근무하는 W 씨의 이야기를 소개하려고 합니다.

그 회사는 오랜 세월 동안 자동차 부품을 만들어 왔으나 매출은 나날이 나빠졌습니다. 한편 당시에는 전기자동차(EV)가 막 시작되는 시기로, 앞으로 시장이 더욱 커질 것으로 예상됐습니다.

하지만 가솔린 자동차와 전기자동차의 판로는 다릅니다. 현역 세대는 현재의 고객 유지만으로도 힘에 버거운 상황이었고, 그래서 W 씨는 자신이 이 전기자동차 관련 거래처를 개척하는 일을 '직장인 인생의 마무리'로 삼기로 했습니다. 실제로 W 씨는 그 길을 개척하고 정년퇴직했습니다. 현재 이 회사의 전기자동차 사업은 주력사업으로 성장하고 있다고 합니다.

이처럼 제일선이 아니라서 성취할 수 있는 일도 있습니다.

'집대성'했기에
정년 후가 빛난다

한 가지 더 사례를 소개하겠습니다. 지방에서 한 시청의 주민과 과장으로 50대를 맞이한 K 씨는 '민간에 창구 업무를 위탁하는 일'에 온 힘을 쏟았습니다.

민간에 창구 업무를 위탁하는 일은 그 필요성이 꾸준히 제기되고 있었지만, 법률로 제한되어 있고 개인정보 취급 문제가 있는 등, 실제로 그리 간단한 이야기가 아니라는 것이 현실입니다. 그래서 K 씨는 이것을 공무원으로서 집대성하기로 생각하고 노력하여 멋지게 해냈습니다.

K 씨는 정년 이후 대학에서 취업 담당자로 새로운 일을 시작했는데, 이 경험을 학생들에게 들려주고 용기를 북돋우고 있다고 합니다. 50대에 집대성한 결과물이 정년 이후의 인생에도 도움이 된다는 사실을 알 수 있게 한 좋은 사례입니다.

무엇을 집대성할지는 앞서 말한 '14가지 질문'이 도움이 됩니다. 회사에 공헌하고 동시에 자신의 인생에도 크나큰 의미를 지닌 '집대성'은 어떤 것일지, 꼭 생각해보세요.

◦ 다시 한번 생각해보기 ◦

50대를 후회하지 않으려면 '마무리 목표'를 확실하게 설정한다.

04

잡무에도 능한
'멀티태스킹형 인재'가 된다

한 가지 분야, 한 가지 일만 잘하는 사람은 50대 이후에 뜻밖의 어려움을 겪을지도 모른다.

'보조 업무 정도라면
할 수 있는 일'을 늘린다

'50대가 되면 하고 싶은 일을 해라'라고 말한 것과 모순되긴 하지만, 50대는 '무엇이든지 조금씩은 할 수 있는' 멀티태스킹 능력을 익혀둘 필요가 있습니다. 특히 정년 이후에 중소기업에 취직하거나 독립할 마음이 있는 사람은 유념해두는 것이 좋습니다.

대기업에서는 인사, 경리, 영업, 개

발 등, 부문마다 역할이 특화되어 있습니다. 기본적으로 인사는 인사, 경리는 경리 일만 합니다. 하지만 중소기업은 사정이 다릅니다. 영업 업무를 하면서 돈을 관리하고 인사담당자가 경리 업무까지 직접 하는 일이 비일비재합니다. 그때 '나는 인사담당이니까 다른 일은 하지 못한다'고 하는 태도를 보인다면 조만간에 그 사람을 아무도 상대하려 하지 않을 것입니다. 요컨대 '수비 범위를 넓혀두자'라는 말입니다.

'가장 자신 있는 일'과 '잘할 수 있는 일'에 더해 '보조하는 정도라면 할 수 있는 일'을 늘려간다는 이미지입니다.

기업은 비즈니스를 배우는 데
최적의 '학교'

자, 그러한 관점에서 보면 기업은 온갖 일을 '공짜'로 배울 수 있는 귀중한 장소라는 것을 알 수 있습니다. 사이좋게 지내는 다른 부서의 동료에게 '일을 배우고 싶다'고 부탁하면 점심을 가볍게 사는 정도의 지출로 여러 가지를 배울 수 있을 것입니다.

또는 자신과 관련된 부문, 영업이라면 부품개발부의 일이나 재고관리부의 일에 관해 "내가 좀 도와줄게" 하며 은근슬쩍 끼어들어 보는 것도 좋은 생각입니다. 자기가 하는 일을 좀 더 알고 싶어 하는 사람을 타 부문의 사람도 매정하게 대하지는 않을 테지요.

물론 오직 영업만 해오던 사람이 느닷없이 상품개발이나 재고관리의 프로와 겨룰 수도 없거니와 또 그럴 필요도 없습니다. 그저 그일들이 어떤 구조와 원리로 작동하고 있는지 어떤 '도움'을 줄 수 있는지 알 수 있으면 그것으로 충분합니다.

사실 이러한 정보는 중소기업이 군침을 흘리며 탐하는 정보이기도 합니다. 상품개발 부문의 전문가로 50대에 이직한 어떤 사람이 전에 다니던 회사의 재고관리 일을 어깨너머로 배운 덕분에 이직한 회사에서 재고관리 부문의 최고가 되었다는 사례도 있습니다.

잡무 탓에 회사를 쫓겨난 어떤 사람

덧붙여서 하나 더 염두에 둘 것이 있습니다. 바로 '잡무를 할 수 있도록 배워두는 것'입니다. 구체적으로는 우편물이나 택배 발송, 상품 포장, 복사기 토너 교환 같은, 말 그대로 자잘한 업무입니다.

대기업에서 어느 정도의 지위에 있는 사람이라면 부하직원이나 인사팀 또는 총무부에 맡기겠지만 이것 역시 중소기업, 또는 '1인 기업'을 하면 스스로 해야 하는 일입니다.

어떤 기업에서 한때는 임원 후보로 입에 올랐던 사람의 이야기입니다. 그 사람은 잡무는 하나부터 열까지 모조리 조수나 부하직원에게 맡기는 유형이었습니다.

한번은 신사업을 추진하는 일을 맡아 일시적으로 모든 일을 혼자서 해야 하는 상황이 되었습니다. 그러나 애초에 하는 법을 알지도 못했거니와 또 그것을 가르쳐 달라고 하기에는 자존심이 허락하지 않았는지 다른 부서의 직원에게 무단으로 일을 시켰고, 그것이 들통나서 문제가 돼 버린 바람에 회사에 눈치가 보여 결국에는 회사를 나가게 되었습니다.

이처럼 잡무 역시 알아두어야 할 일 중의 하나입니다.

◈ **다시 한번 생각해보기** ◈

50대부터는 가장 잘하는 분야에 더해 '보조하는 정도라면 할 수 있는 업무', '자잘한 잡무'의 기술도 닦아둔다.

05

55세를 넘기면 조직을 위한 시간을 나를 위해 쓴다

50대의 10년은 '나만의 시간'을 얼마나 의식적으로 확보하는지가 중요하다. 그렇지 않으면 질질 끌려다니다가 '회사 인간'인 채로 정년을 맞이하게 된다.

'시간이 생기면 해야지' 해서는 언제까지나 그 타령이다

'50대는 조직이 우선이 아니라 내가 우선', 이것이 이 책이 제안하는 바입니다. '회사 3: 자기 자신 7', 아니면 차라리 '회사 2: 자기 자신 8' 정도로 배분하는 것이 좋을 듯합니다.

그러려면 '시간 사용법'도 자신을 우선으로 해야겠지요. 말이 쉽지 30년 이상 '회사를 위해' 살아온 사람이 갑자기 '자신을 위해 시간을 쓰자'라고 생각을 전환하기란 여간 어려운 일이 아닙니다. 그래서 일정 관리로 '자신을 위한 시간 예약'과 '가시화'할 것을 꼭 하면 좋겠습니다.

이것은 어떤 일이든 적용할 수 있습니다. 시간이 생기면 해야지, 하는 일은 아무리 시간이 지나도 하지 못하는 것이 현실입니다. 따라서 처음부터 그것을 하기 위한 시간을 예약해놓을 필요가 있습니다. 즉 일정을 세울 때 먼저 '자신을 위한 시간'을 확보하는 것입니다.

지금까지 언급해온 '정년 이후의 콘셉트를 생각하는 시간'이나 '무언가를 남기기 위한 시간'이라도 좋고, '정년 후 재취업을 위해 기술을 연마하는 시간'이든 '이직 준비를 구체적으로 하는 시간'이라도 좋습니다.

아주 구체적으로 기록해야 행동으로 이어집니다. 이를테면 취업 준비라면,

'내 기술을 필요로 하는 기업을 찾는 시간'
'추려놓은 기업 중에서 이직하고 싶은 곳의 우선순위를 매길 시간'
'이력서의 기본 요소를 정리하는 시간'
'신뢰할 수 있는 사람과 상담할 시간'

이처럼 세세하게 단계를 나누어 일정표나 수첩을 계속해서 채워 나갑니다.

색깔별로 분류하면
한눈에 알 수 있다

아울러 '회사를 위한 시간'과 '자신을 위한 시간'을 색깔별로 구분하여 그 비율이 어떻게 되고 있는지 항상 의식해야 합니다.

아무래도 주간에는 기본적으로 회사를 위한 시간이 될 테니까 좀 전에 언급한 대로 시간 사용법을 '회사 3: 자기 자신 7'까지 하기는 상당히 어렵겠지요. 우선은 업무 이외의 시간을 쪼개 '회사 1: 자기 자신 9' 정도로 하는 것이 좋겠습니다. '1' 정도는 잔업이나 업무를 위한 문서 조사에 사용하되, 나머지 시간은 전부 자신을 위해 사용합시다.

가시화해서 '정말이지 요즘에는 나를 위한 시간을 갖지 못했구나' 하는 상황이 보이기 시작하면 자투리 시간을 활용할 수 없는지 생각해보세요. 가령 정보를 조사하거나 수집하는 일이라면 출퇴근 시간이나 이동시간을 이용해서 할 수 있으니까요.

많은 사람이 활용하고 있는 것이 '토요일 오전'입니다. 오전을 통째로 사용할 수 있고, 오전 중에만 하는 것이라면 딱히 방해되는 일도 생기지 않습니다. 우선은 이 시간을 '예약'해보세요.

'자신을 위한 시간'을 먼저 예약한다

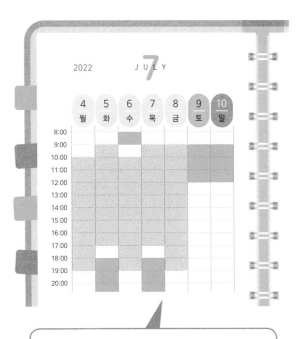

자신을 위한 시간과 그 이외의 시간을 색깔별로 분류하여, '자신을 위한 시간을 제대로 확보했는지' 한눈에 알아볼 수 있도록 한다.

'회사 2: 자기 자신 8'로 생각하고 업무 외의 시간은
'회사 1: 자기 자신 9'로 생각한다.

회사에 다니는 동안에
'인맥 총점검'을 해둔다

누구나 '인맥의 중요성'을 말한다. 50대 때 지금까지 가꿔온 인맥을 다시 한번 '발굴하는 일'이 정년 후에 뜻밖의 기회를 가져오기도 한다.

후배를 데리고
'그리운 사람'을 만나러 가자

정년 이후 이직에 성공했거나, 개인 사업가로 활기차게 일하고 있는 사람이 주위에 참 많습니다.

성공한 사람들에게 "정년 이후를 위해 50대에 소중히 하고 싶은 것은 무엇이냐"고 질문하면 매번 똑같은 대답이 돌아옵니다. 바로 다름 아닌 '인맥'입니다.

이 책에서도 나중에 소개하겠지만 정년 이후에 다른 기업의 '고문' 으로 활약하는 사람이 많습니다. 고문은 대부분 '인맥', 즉 연줄로 됩 니다. 헤드헌팅 회사를 통하기도 하지만 보통은 "어디 좋은 사람 좀 없어?"와 같은 가벼운 대화에서 시작되는 일이 허다합니다.

50대일 때, 회사에 다니는 동안에, '이것'만은 꼭 해놓자는 것으로 '자신의 인맥을 다시 한번 다져둘 것'을 권하고 싶습니다. 수십 년에 걸친 직장인의 인생 중에서 신세를 진 사람, 깊은 유대관계를 맺어 온 사람 등이 얼마든지 생각날 것입니다. '자신은 인맥이 없다'고 생 각하는 사람도 상기해보면 상당한 인맥을 가지고 있곤 합니다.

한편으로는 자신과 상대방의 담당이 바뀌거나 해서 꽤 오랜 기간 소식을 전하지 못한 사람도 많을 것입니다. 개중에는 20대 즈음에 아주 친하게 지내다가 20년 이상이나 직접 만나지 못한 사람이 있을 지도 모릅니다.

신기하게도 젊은 시절에 인연을 맺은 사람과는 오래간만에 만나 도 금방 예전의 관계로 돌아가곤 합니다.

먼저 지금까지 만나온 사람을 모두 상기해보는 시간을 만들어 봅 시다. 명함을 꺼내 보거나 과거의 수첩을 찾아보거나 이메일 내용을 다시 훑어보는 방법 등, 무엇이든 좋습니다. 아울러 앞으로 관계를 맺고 싶은 사람을 목록으로 만들어두세요.

'정기적으로
소통하는 것'이 중요

관계를 계속 유지하고 싶은 사람에게는 연락을 취해서 만나러 가기를 권합니다.

여기에 일석이조의 방법이 있습니다. 다름 아닌, 회사 후배와 그들을 대면시키는 장소를 마련하는 것입니다. 이를테면 직급정년을 맞이하기 전에 인계한다고 말하고 후계자를 데리고 만나러 가는 것입니다. 후배에게도 당연히 고마운 이야기이며, 당신에게도 '요즘에 만나지 않은 사람을 만나는' 절호의 기회가 되는 셈입니다. 그리고 그 후에는 편하게 소통해나가면 됩니다.

40, 50대의 이용률이 높은 '페이스북' 등으로 소통하는 것도 좋은 생각입니다. 예전에는 '연하장'이라는 수단이 있었지만, 요즘은 직접 연하장을 보내는 일이 드물고 대부분 SNS로 쉽게 안부를 주고받기 때문입니다.

최근에 자주 눈에 띄는 것은 여름휴가 기간이나 연말 같이 계절 인사를 주고받기 좋은 때에 '근황'을 이메일이나 SNS를 이용하여 보내는 것입니다. 이를테면 광고회사에 근무하는 어떤 사람은 자신의 이름을 써넣은 'ㅇㅇ 통신'에 자신의 근황이나 업계분석 등을 정리한 자료를 일 년에 한 번 보내고 있습니다. 내용은 아주 재미있고, 또 거기에서 비즈니스가 전개되는 일도 있다고 합니다.

여러분도 본인에게 가장 자연스러운 스타일로 '계속 소통하는' 방법을 생각해보세요.

◀ 다시 한번 생각해보기 ▶

'정년 후에도 관계를 계속 이어가고 싶은 사람'이라면
50대 때 만나러 가서 관계를 다시 한번 다져놓는다.

'하고 싶지 않은 일'은 손에서 내려놓고 '잘할 수 있는 일'을 한다

50대부터는 하고 싶은 일을 하면 된다고 말하지만, 정작 '하고 싶은 일'을 찾지 못한다. 그런 사람이 의외로 많다.

'어디로 재취업하면 좋을지' 갈팡질팡하는 사람들

앞서 말한 '14가지 질문'으로 자신의 원점을 재검토했다고 해도 도무지 '자신이 하고 싶은 일'을 찾지 못하는 사람이 있습니다.

중년과 노년의 재취업을 담당하는 재취업 알선 회사의 경영자가 '재취업 희망자에게 "저는 어디에 재취업하면 좋을까요?"라는 말을 들을 때가 제일 난감하다'고 하소연했지만 실제로 이런 사람이 제법 많습니다.

그 배경으로 지금까지 하고 싶은 일을 매우 심하게 회사나 상사로부터 부정당했다거나, 좌절한 경험이 많아 그러한 것을 생각하는 것조차 불쾌하다는 사람이 있을지도 모릅니다. 30년에 걸쳐 쌓이고 쌓인 것을 배제하는 일은 그리 말처럼 쉬운 일이 아닙니다. 그런 분에게는 일단 문턱을 낮추기를 권합니다. 즉 '삭제법'으로 하고 싶은 일을 고른다는 발상입니다.

하고 싶지 않은 일을 삭제했더니 일이 즐거워졌다!

이를테면 '이것만은 하고 싶지 않은 일', '잘하지 못하는 일'을 예로 들어보겠습니다.

'누군가를 관리 감독하거나 지도하는 스트레스는 딱 질색'
'숫자는 쳐다보기도 싫으니까 경리 일은 죽어도 싫다'
'고객한테 싫은 소리를 듣고 싶지 않으니까 영업은 무리'

이와 같은 것입니다.

이렇게, 하고 싶지 않은 일이나 잘하지 못하는 일 이외에는 뭐든지 괜찮다고 마음을 고쳐먹으면 됩니다.

한 가지 사례를 들겠습니다. 대형 손해보험 회사에서 영업부장까지 지낸 C 씨는 사실 관리직은 적성에 맞지 않는다고 항상 생각하고 있었습니다. 그래서 정년퇴직한 후에는 시급 1만 4,500원의 데이터를 입력하는 일을 택했습니다.*

주위 사람들은 '아깝다'고 입을 모아 말했지만, 정작 본인은 스트레스 없이 매일 즐겁게 일하고 있습니다. 한번은 시급을 올려줄 테니 다른 사람을 지도하는 관리자 역할을 담당해달라는 제안이 들어왔는데 그것도 거절했다고 합니다.

이렇게 C 씨처럼 자존심이나 돈에서 해방되어 즐겁게 일하는 사람이 의외로 많습니다.

---

*   2021년 현재 한국의 최저시급은 8,720원이며 일본은 930엔(한화로 약 9,700원)이다. 참고로 다른 지역에 비해 임금 수준이 높은 도쿄의 최저임금은 2021년 기준 1,103엔(한화 약 1만 1,400원) 정도이다.

50세 넘어서 '하고 싶지 않은 일'을 하는 것은 시간 낭비

이 말은 이직에 국한되지 않습니다. 남은 회사 인생에서 무엇을 할지 선택할 때 '싫어하지 않은 일을 하는' 것은 나쁘지 않은 선택지입니다. 오히려 50세가 넘어 '하고 싶지 않은 일'을 하는 것은 시간 낭비라고 딱 잘라 말하고 싶습니다. 이렇게 싫지 않은 일을 하면서 자신이 진심으로 하고 싶은 일을 찾는 사례가 적잖이 있습니다.

또는 진지하게 이것저것 너무 생각해서 아무것도 결정하지 못하는 사람이 있습니다. 그때는 '우선', '일단'이라 생각하고 시도해보는 것도 방법입니다. 좀 전에도 말했듯이, 정년 후에 다른 회사로 이직한 사람의 대부분이 또다시 다른 회사로 이직하고 있습니다. 즉 한 번으로 완벽하게 결정하지 않아도 괜찮습니다.

시험 삼아서 해본다는 기분으로 먼저 뛰어들어보는 것이 좋지 않을까요.

◆ 다시 한번 생각해보기

'하고 싶은 일'이 뭔지 감이 안 잡히면 '이것만은 하고 싶지 않다'고 하는 것을 삭제하는 방법이 있다.

정년 이후의 인생 설계는
코로나 이후의 새로운 상식을 고려해서 정한다

'수도권으로 모든 기능이 다 집중되는'
시대는 끝났다?

지금의 50대 대부분은 '수도권으로 모든 기능이 다 집중된' 상황 속에서 직장인 인생을 보낸 사람입니다.

지방 출신인 나도 그중의 한 사람입니다. 도쿄로 올라와 대학을 다니고 그대로 도쿄에 있는 기업에 취직하여 도쿄에 집을 사는 것을 당연시했습니다. 도쿄뿐 아니라 간사이권은 오사카나 교토 혹은 고베로, 주쿄권은 나고야로, 이렇게 도시기능이 다량으로 모인 곳일수록 가치가 있다는 상식이 우리 몸속에 배어들어 있습니다.

도심부로 출퇴근하기 위해 다소 무리를 해서라도 가까운 곳에 집을 마련합니다. 특히 도쿄 도심은 땅값이 비싸서 장기 대출을 받기도 하고, 개중에는 2시간 가까이 걸리는 도심까지 출퇴근하거나 통학하는 사람이 있습니다.

하지만 이런 '도심에 가까운 곳이 가치가 있다'고 하는 상식은 코로나 19 팬데믹으로 완전히 무너졌다고 말해도 좋습니다.

코로나 19에 따른 재택근무 확대는 우리의 일하는 방식을 근본적으로 뒤집었습니다. 본사를 매각하거나 사무실 면적을 축소하는 기업이 줄줄이 나오고 있는 반면에, 공유 사무실이나 소규모 사무실이 확대되고 있는 상황에서도 잘 알 수 있듯이, 그 흐름은 일과성이 아닙니다.

내가 전문으로 하는 영업 연수와 관련된 일도 대부분이 온라인으로 바뀌었습니다. 실제 연수로 할 수 있는 일은 거의 다 온라인으로 할 수 있습니다. 게다가 수강생 앙케트 조사 결과는 대면으로 하는 연수보다 만족도가 높다는 수치가 나오고 있습니다.

앞으로 '지방에서의 원격 근무제'를 준비하자

회사에 출근하는 것이 주 1회나 2회라면, 가령 내 출신지인 군마 현에서 도쿄까지 다니는 일은 문제없습니다. 실제로 그렇게 다니는 사람이 많습니다. 앞으로 갈수록 늘어나겠지요.

연수만이 아니라 대부분의 일을 원격 근무로 할 수 있다고 하면, 주 1일조차 다닐 필요가 없어집니다. 그렇게 되면 도쿄의 신입 영업 직원의 교육을 숙달된 정년퇴직자가 고용연장으로 삿포로에서 재택근무하며 일대일로 교육할 수 있는 일이 가능하겠지요.

걸림돌이 있다고 하면 물리적인 것보다 어쩌면 심리적인 것이 아닐까요. '회사에는 매일 정해진 시간에 출근해야 한다', '회의는 반드시 대면으로 해야 한다'고 주장하거나, 마음속 어딘가에서 그렇게 생각하는 고지식한 경영자나 관리직이 여전히 많으니까요.

당연히 업종에 따라서는 실제로 대면할 필요가 있는 곳이 있습니다. 다만 코로나 19로 많은 사람이 원격 근무의 편리함을 알아버린 이상, 이러한 반동은 일어날 수 없다는 것이 나의 견해입니다. 무엇보다 고객이 원격을 원하고 있어서 이쪽도 원격 대응을 할 수밖에 없습니다.

아마 도심이나 도시에 사는 많은 사람이 '지금 사는 곳에서 정년 후'를 염두에 두고 있다고 생각합니다. 하지만 사람에 따라서는 지금 거주하는 집을 팔고 지방으로 이주하기만 해도 주택 대출금을 다 갚고도 돈이 남을지도 모릅니다. 더욱이 지방에서 생활하는 비용은 도심보다 싸게 들어서 노후에 필요한 자금도 크게 달라지겠지요. 또 부모님의 병간호를 해야 하는 지방 출신자에게도 이렇게 일하는 방식이 가능하다면 일을 선택할 수 있는 폭이 넓어질 것입니다.

그러기 위해서는 50대 때 '원격 근무를 할 수 있는 일'을 의식해두면 좋겠지요. 앞서 말한 대로 연수와 관련된 일은 거의 원격화가 가능합니다. 그 밖에도 설계, 프로그래밍, 입력, 전화 대응 등 재택근무를 할 수 있는 일은 얼마든지 있습니다.

50대 때부터 이런 것들을 충분히 고려하여 인생 설계를 하면 가능성이 매우 커질 것입니다.

제 3 장

50대에 반드시
포기해야 할 6가지

01

50대가 넘으면 '무엇을 손에서 내려놓을지,부터 생각한다

40대까지는 '계속해서 잘하는 일을 늘려간다'는 것이 상식이었다. 하지만 50대에 그렇게 하면 '메타볼릭 신드롬(대사증후군)'에 걸릴 우려가 있다.

윗자리를 목표로 하지 않는다면 '경영 스킬'은 싹둑 잘라버리자

중년층 비만의 커다란 원인은 기초대사량이 떨어지는데도 젊었을 때와 똑같은 식생활을 해서라고 합니다.

50대가 하는 일도 마찬가지입니다. 하는 일에서 기초대사량이 떨어지는데 '이것도, 저것도' 하며 여러 가지 일을 원하면 오히려 '대사증후군'에 걸려 움직임이 둔해질 수 있습니다.

제3장 50대에 반드시 포기해야 할 6가지

제2장에서는 '회사 인생과 이별하는 법'으로 50대에 무엇을 해야 할지를 말했습니다. 하지만 시간은 한정되어 있는데 이것저것 다 하려고 들면 모든 것이 어중간해지기 쉽습니다.

제3장에서는 '50대에 포기해야 할 것'에 관해 이야기를 풀어나가려고 합니다.

가령, 스킬에 관해 말하자면 20대, 30대, 40대로 나이가 들어가면서 '현장의 스킬'과 '매니지먼트 스킬'을 늘려가는 것이 지금까지의 사고방식이었습니다. 잘하는 일을 늘려가자는 '확장주의'라 말할 수 있겠지요.

다시 말하면, 필요한 스킬은 '개인 스킬'에서 '조직 스킬'로 변화해가는 경향이 있었습니다. 자기 혼자서 성과를 내는 것이 아니라, 팀을 끌어들여 더 큰 성과를 올려야 하고, 나이가 들어감에 따라 조직 스킬을 몸에 익혀야 하며, 상사는 되도록 손을 움직이지 않고 사람을 부려서 성과를 올려야 한다는, 이러한 사고방식이 일반적이었습니다.

그럼 50대가 되면 어떻게 할까요. 여기서 일단 '확장주의'는 멈춥시다.

당연히 '부문 최고' '임원' '사장'으로 커리어 패스(Career path)를 밟아 꼭대기까지 올라가고 싶다면 이야기는 달라지지만, 그렇지 않은 사람에게는 '무용지물'이 될 수 있습니다.

'영어'를 포기한
어느 부장님

오히려 50대에게 요구되는 것은 '스킬을 압축하는 것'이라는 생각이 듭니다.

지금까지 다양한 스킬을 대하면서 나름대로 '이것은 잘한다', '저 것은 못한다'라는 것이 있었을 것입니다.

그중에 '잘하는 것'에만 집중하고 나머지는 미련 없이 버리며, 사람을 이끌어가는 것이 서툴면 이제 그것은 체념하고, 아무리 해도 숫자에 자신이 없으면 아예 숫자는 읽지 않아도 된다고 달관하는, 50대 이후에는 '모든 것에 능해야 한다'라는 생각을 그만두는 것입니다.

외국계 기업에서 일하는 M 씨의 사례입니다. M 씨의 회사는 원래 일본 기업이었는데 회사가 외국계로 매수되면서 미국 기업 산하로 들어갔습니다. 처음에는 영어 공부를 했다고 하는데 어딘가 근본적으로 맞지 않았습니다. 그래서 과감하게 포기하고 "이제 나는 오직 영업력 하나로 승부를 보겠다!"라고 결정했다고 합니다.

회사는 그런 M 씨의 영업력을 높이 평가해 회의 때 전속 통역사까지 불러주었다고 합니다. "어중간하게 영어 공부 안 하길 다행이다"라고 M 씨는 말합니다

교섭력, 잡담력, 계획력, 수리력, 논리적 사고력, 영업력, 리더십…. 비즈니스에서 스킬은 산더미처럼 많지만, 50대가 되면 '내가 잘하는 것이 무엇일지'를 꼭 차분히 생각해보세요. 아울러 그 이외의 스킬은 그냥 버립시다.

당연히 공부하고 싶으면 공부하면 됩니다. '넓고 얕게'에서 벗어나는 것이 50대에게 필요합니다.

◦ 다시 한번 생각해보기 ◦

50대가 되면 먼저 손에서 내려놓을 일, 하지 않을 일을 정한다.

55세부터는 '책임감을 내려놓는다'

직장인의 앞길을 가로막는 '직급정년'의 벽. 하지만 생각하기에 따라 절호의 '의식 개혁'이 될지도 모른다.

30년 동안이나 짊어지고 있던 '책임감'을 내려놓으면…

50대의 앞길을 가로막는 벽, 그것이 '직급정년'입니다. 이 제도가 있는 기업에서는 50대 후반, 대개는 55세에 직무에서 해임되어 남은 회사 인생을 일개 사원으로 재출발하게 됩니다.

야구에 비유하자면 아직 충분히 던질 수 있는 선발투수를 5회에 강판시켜놓고 "이제부터는 외야를 지켜" 하고 다른 일을 억지로 떠맡기는 것입니다. 나 또한 솔직히 이 제도에는 의문을 느끼고 있던 터라 부정적으로 받아들이는 직장인이 많겠구나 싶었습니다.

얼마 전에 비즈니스 잡지 〈THE21〉의 기획으로 50대 직장인들과 좌담회를 할 기회가 있었습니다. 거기서 들은 '생생한 목소리'는 내 예상을 뒤집었습니다. 그 좌담회에서는 오히려 직급정년을 거치면 "자기 재량으로 좋아하는 일을 할 수 있게 되어 자유를 느낀다"라는 긍정적인 의견이 적지 않았습니다.

실은 이렇게 직급정년을 긍정적으로 받아들이는 사람들에게는 어떤 공통점이 있었습니다. 50대를 맞이하기까지 회사 일에 전력투구해왔다는 점, 그리고 그 스트레스로부터 신체가 비명을 지르고 병에 걸리거나 정신력이 바닥난 경험이 있었다는 점입니다.

그들은 직급정년으로 책임감에서 벗어나자 오히려 마음이 홀가분해졌다고 합니다.

비즈니스 인생이란
'목표에 계속 쫓기는 인생'?

이런 생각에 공감하는 사람이 많지 않을까요.

생각하면 30대쯤에 '중견'으로 불리고 나서부터 '이번 프레젠테이션을 성공시켜야 한다', '목표치를 달성해야 한다' 등 항상 어떤 책임감을 느끼며 일해왔을 것입니다. 자나 깨나 일 생각이 머리에서 떠나지 않은 채로 시간을 보냈을 테고요. 그 책임감을 내려놓을 수 있다면 얼마나 자유로울까요.

오히려 애쓴 보람이 없는 것은, 직책은 내려갔는데 책임감만은 지금까지와 똑같다는 사람이겠지요. 아침부터 밤까지 쉬지 않고 일하고 숫자를 쫓아가며 '책임감의 표현'이라 말할 수 있을지도 모르지만, 회사에 그렇게까지 충성을 다해 일해봤자 아무것도 얻을 것이 없는데 말입니다.

타인평가에서 자기평가로

50대가 되면 우선 '일에 대한 책임'을 손에서 내려놓아야 합니다.

대충대충 일하라는 말이 아닙니다. 지금까지 지나치리만큼 회사의 기대에 부응하려고 했던 생각을 바꿔서 기대에 부응하지 못하더라도 '할 수 없지 뭐' 정도로 생각하면 좋겠습니다.

애초에 책임이라 하면 듣기에는 좋습니다. 그 대부분은 회사에서 부과한 목표에 대한 책임이고 그 정체는 결국 '타인평가'일 테니까요.

정년 이후에는 회사도 상사도 없어집니다. 다시 말해, 당신을 평가해주는 사람이 사라지고 모든 것이 '자기평가' 세계가 됩니다. 윗사람의 지시나 명령도 없고 타인평가도 없어 '어떻게 살면 가장 행복할지'를 생각하고 실행해가는 것이 정년 후입니다. 그 상태로 서서히 적응해가기 위한 첫걸음이 '(회사에 대한) 책임을 내려놓는' 일입니다.

다시 한번 생각해보기

'책임'이라는 이름의 '회사로부터의 평가'에서 벗어나,
자신이 정말로 가치가 있다고 생각을 한다.

'유능한 상사로 인정받고 싶은,

유혹에서 벗어난다

'상사는 부하보다 뛰어나야만 한다' 이러한 강박관념이 당신을 힘들게 하지 않을까. 하지만 부하가 바라는 것은 오히려 '공감'일지도 모른다.

스스로는 '유능한 상사'라 생각했는데…

어느 유명한 제조회사의 관리직으로 근무한 50대 전반의 E 씨 이야기입니다. E 씨는 매사 적극적으로 부하직원을 지도하려고 애쓰며 언제나 꼼꼼한 조언을 아끼지 않았습니다.

이 회사에서는 이른바 '360도 평가'를 채택하고 있었습니다. 상사가 부하직원을 평가하고, 상사도 부하직원이나 동료로부터 평가를 받는 구조입니다. E 씨는 360도 평가에서 부하직원으로부터 "이 상사 밑에서는 일하기 싫다. 상사를 바꿔 달라"고 하는 최하위 평가를 받고 말았습니다. 전혀 짐작 가는 바가 없었던 E 씨는 뭔가 착오가 있었나 싶어 인사부에 조사를 의뢰했을 정도였습니다.

왜 이러한 평가를 받았을까요.

사실 E 씨는 조언은 열심이었지만, '부하의 이야기를 듣지 않는 전형적인 상사'였습니다. 요컨대 '남이 하는 이야기는 듣지 않고 원하지도 않는 조언을 해주는 꼰대 상사'였던 셈이지요.

당시의 자신에 관해 E 씨는 "부하에게 존경받고 싶다, 머리 회전이 빠른 상사로 인정받고 싶은 마음이 너무 강했다"라고 회고하고 있습니다.

'하나를 들으면 열을 안다'는 속담처럼 똑똑한 상사로 인정받고 싶어 이야기를 끝까지 들어보지도 않고 다 알고 있다는 투로 아는 체를 해서 '이야기를 들어주지 않는다'고 하는 나쁜 인상을 심어주게 된 것입니다.

'남에게 맡겨서 성과가 60%라면
훌륭한 것'이라고 생각하자

가혹한 말 같지만 50대는 이제 '상사'로서의 당신의 평가는 굳어졌다고 생각하는 편이 좋습니다. 그런데도 '잘나가는 상사라는 말을 듣고 싶은' 마음이 너무 강하면 E 씨처럼 독선적으로 되고 도리어 야박한 평가를 받을지도 모릅니다.

자, 그렇다면 50대는 어떠한 상사를 목표로 삼아야 할까요. 우선 이것은 40대 이전도 해당하는 말이지만, '전부 맡길 수 있는 상사'가 되어야 합니다.

앞서 말한 대형 시스템회사의 N 씨는 55세에 직급정년이 된 후에 적임자가 없다는 이유로 특례로서 경영직에 남았습니다. 하지만 이 대로라면 후진을 키울 수 없다고 생각해 58세에 스스로 자리에서 물러나 후배에게 일임하는 방향으로 선회했다고 합니다.

그때 '자신이 하면 성과가 100%라고 봤을 때 남에게 맡겨서 60% 정도의 성과가 나온다면 좋다고 치겠다'라고 정했다고 합니다. 이것은 남에게 일임할 때 상당히 중요한 사고방식입니다.

'좋은 상사의 굴레'에서 벗어나
즐겁게 일하는 50대

한 가지 더 말하자면 '가식 없이 있는 그대로의 자신을 보여줄 수 있는' 상사일 것입니다. 구체적으로는 '실패한 경험을 유쾌하게 말할 수 있는 상사'라 말해도 좋겠습니다.

상사나 선배 사원의 자랑 이야기는 사실 아무도 듣고 싶어 하지 않습니다. 반면에 실패담이라면 듣는 사람에게 타산지석으로 참고가 되고 무엇보다 그 사람에게 친근감을 느끼게 됩니다. 왠지 자신의 고민을 털어놓고 싶은 마음이 생기기도 하고요.

참고로 '실패담을 말할 수 있는' 것은 50대를 막론하고 성공한 사람의 하나의 조건이라 생각합니다. 실패를 웃으면서 말할 수 있다는 것은 이미 실패를 극복했다는 의미이고 그것이 따뜻한 인간미를 느끼게 할지도 모릅니다.

40대 때는 이른바 '호랑이 상사'였는데 직급정년을 계기로 '말이 통하는 사람'으로 젊은 층의 좋은 상담 상대가 된 사람을 알고 있습니다. 유능한 상사라는 말을 듣고 싶다는 생각을 내려놓자 본래의 서글서글한 성격으로 돌아갈 수 있었던 것이지요.

무엇보다도 본인이 40대 때보다 훨씬 즐겁게 일하고 있는 모습이
인상적입니다.

◆ 다시 한번 생각해보기 ◆

'유능한 상사라는 말을 듣고 싶다'고 하는 생각을 내
려놓고, 좌절했거나 실패했던 이야기를 흔쾌히 말할
수 있는 사람을 꿈꾼다.

50대가 되면 '싫은 사람'과는 결코 상종하지 않는다

'조직 안에서는 상사도 부하도 동료도 내가 선택할
순 없다'.…이런 샐러리맨의 상식은 50대가 되면
잊어버리자.

어느날 갑자기 의욕을 잃은 동료가 찾아와서…

싫은 상사, 건방진 부하, 주는 것 없이
얄미운 동료…. '직장의 인간관계'는
언제나 직장인의 최대 고민입니다.

그것을 회사에 호소해봤자 명확한
갑질이 아니라면 "조금만 더 참을 수
는 없겠나", "부하를 잘 부리는 것이
상사의 일이지 않는가"라며 상대조차
해주지도 않고, '트러블 메이커'로 낙

인마저 찍힐 가능성이 있습니다.

이러한 '인간관계의 트러블은 되도록 참는다'라는 상식은 50대가 되면 모조리 싹 버리세요. 나는 "50대가 되면 싫은 사람하고는 아예 상종하지 마라"라고 딱 잘라 말하고 싶습니다.

어느 회사에서 보조금 신청 전문상담사로 일하던 N 씨의 이야기입니다.

알다시피 보조금 신청은 절차가 복잡해서 "일부러 알기 어렵게 해서 보조금을 포기하게 만드는 것이 목적이 아니냐"라고 비아냥을 들을 정도입니다. N 씨는 그 풍부한 경험을 살려 거래처의 고객이 행정기관으로부터 다양한 보조금을 받을 수 있도록 상황분석부터 제안, 신청서 작성까지 실무를 담당하고 있었습니다.

어느 날 모회사에서 직급정년이 된 어떤 사람이 인사발령을 받아 N 씨의 동료로 왔습니다. 그런데 그는 수입이 줄어든 것이 불만이었는지, 자회사의 익숙지 않은 업무가 불만이었는지, 아니면 원래 파견 자체가 불만이었는지, 시종일관 무성의한 태도로 일을 했습니다.

자기 일에 자부심이 강했던 N 씨는 그의 태도가 참을 수 없어 날이 갈수록 스트레스가 쌓여갔습니다. 급기야 회사에 출근하려고 하면 심장이 두근거리거나 고객과 대화하는 데 집중을 하지 못하기도 했습니다. 이른바 '우울감'의 증상입니다. 그 결과 잠시 휴직하게 되었지요.

휴직 기간이 끝나고 회사와 복귀 상담을 할 때, N 씨는 단호하게 "다시 그 사람과 같이 일해야 한다면 복귀하지 않겠다!"고 선언했습니다.

그 사람은 결국 다른 곳으로 좌천되었고 N 씨는 무사히 원래 직장으로 복귀했습니다. 우울 증상도 진정되고 N 씨는 그 후로도 자신의 전문지식을 살리면서 일을 계속할 수 있었습니다.

30년 참았으면 충분하다
앞으로 남은 10년은 '이기적'으로 살아도 괜찮다

50대라는 시기는 직급정년과 파견직(촉탁) 등으로 인간관계가 격변하는 시기이기도 합니다. 게다가 인사이동에 불만을 가진 사람이 많아서 여러 복잡한 문제가 일어나기 쉽습니다.

조직 안에서는 상사도 부하도 동료도 선택할 수 없다고 체념하며

'좋은 사람' '팔방미인'으로 일관한들 과연 당신에게 어떤 좋은 점이 있을까요.

어차피 근무할 수 있는 기간은 앞으로 10년. 게다가 50대는 정년 이후의 인생을 준비하는 소중한 시기입니다. 마음껏 이기적으로 살아도 괜찮습니다.

N 씨의 사례에서 알 수 있듯이, 전문지식을 가진 N 씨를 놓치면 손해인 것은 오히려 회사입니다. 회사에 대한 공헌이라는 의미에서도 당당하게 주장해야 합니다.

만일 회사가 N 씨의 호소를 들어주지 않았다면? 사내 의무실의 의사나 상담사, 또는 인사에 대한 신고 제도 등 이용할 수 있는 것은 무엇이든 전부 이용합시다. 이러한 제도는 젊은 사원을 위해 있다고 생각하는 사람이 있을지도 모릅니다. 그런 일은 전혀 없습니다. 오히려 '중년 우울증', '노년 우울증'의 문제는 해마다 심각해지고 있습니다.

30년이나 참아왔습니다. 마지막 10년은, 인간관계에 관해서도 어느 정도 이기적으로 살아도 괜찮지 않을까요.

50대가 되면 '싫은 사람'을 참지 마라. '좋은 사람'이
나 '팔방미인'의 압박에서 벗어나자.

'명함'이 없더라도 자신에 대해 말할 수 있어야 한다

직장인에게 명함은 중요한 존재. 하지만 그것에 매달리다 보면 아무리 시간이 지나도 회사 인간에서 벗어나기 힘들다.

'전직 부장'의 명함을 나눠주고 다니며 착각의 늪에 빠진 엘리트

어느 명문고등학교의 동창회 자리에서 실제로 있었던 에피소드입니다.

오랜만에 동창회에 얼굴을 비춘 어떤 인물. 그는 도쿄대학교를 나와 관료가 되고 그 후 유명기업으로 낙하산 인사라는 전형적인 엘리트 코스를 밟고 정년을 맞이했습니다.

그런 그는 오랜만에 만난 사람들에게 열심히 명함을 건넸습니다. 동창회에서 명함을 돌리는 행위는 원래 촌스러운 일이지만, 아니 세상에! 그 명함에는 'ㅇㅇ상사주식회사 전직 부장 ××△△'이라 적혀 있었습니다.

이것을 보고 그곳에 있던 모든 사람이 그만 실소했습니다. 결국엔 아무도 그 사람 곁에 얼씬거리지 않았고 그도 그 후로는 두 번 다시 동창회에 얼굴을 내밀지 않았다고 합니다.

'정년 이후의 명함'에 관한 웃긴 에피소드는 일일이 셀 수가 없을 정도로 많습니다. 반상회에서 예전의 명함을 돌리는 사람, 무슨 영문인지 개인 명함에 출신 대학(당연히 일류라 불리는 유명 대학)을 집어넣은 사람 등등. 현역 시절에 대기업에서 높은 지위에 올랐던 사람일수록 이 '명함의 유혹'에서 벗어나기 힘든 것이 사실인 모양입니다.

그 명함으로 주변 사람들이 추어올려 주는 것은 본인을 존경해서가 아니라, 그 명함 속 직책이 가지는 권력을 우러러 받들었기 때문입니다. '전직'이 된 순간 그 힘은 순식간에 물거품처럼 사라집니다. 그것을 이해하지 못하는 사람은 위에서 말한 것처럼 '이상한 사람'이 되는 것이지요.

'명함 없이' 자신에 대해
말할 수 있을까?

그 마음을 헤아리지 못하는 것은 아닙니다. 그들에게는 'ㅇㅇ주식회사 부장'이 유일한 정체성이었을 테니까요. 그것을 상실한 순간 '아무것도 아닌 나'와 맞닥뜨리며 그것을 견디지 못하게 된 것이 아닐는지요.

현역 시절에 그다지 출세할 기회를 얻지 못한 사람이 정년 이후에 새로운 커뮤니티에 자연스럽게 녹아들고 즐겁게 지내는 경우도 많은 듯합니다. 어떤 의미에서는 출세 경쟁에서 패한 사람의 '설욕'일지도 모릅니다.

그렇다면 이런 '이상한 사람'이 되지 않기 위해 50대가 꼭 해야 할 일은 '명함을 내려놓는' 일입니다. 구체적으로는 '명함 없이 나에 대해 말할 수 있도록 해두는 것'입니다.

우선은 업무 상대가 아닌 사람에게 명함 없이 자신을 말할 수 있게 해둡시다. 업무 관련 이야기를 해도 괜찮지만, 그것 말고도 취미나 관심이 있는 분야 등 '나는 어떠한 사람인지'를 말할 수 있도록 해야 합니다.

'자기과시'는
잊어버리자

여기서 자칫 실수하기 쉬운 일이 하나 있습니다. 자신을 말할 때 꼭 명심해야 할 것은 '자신이 얼마나 굉장한지'가 아닙니다. '어떻게 하면 상대방의 관심을 끌어낼 수 있을지'가 되어야 합니다.

한 치의 양보 없이 치열한 비즈니스 세계에서 살아온 사람은 무심코 "그런 엄청난 일을 했다", "저런 대단한 사람과 알고 지냈다" 등 자기 잘났다고 어필하듯이 '자기과시'를 하기 쉽습니다.

그것이 업무 상대라면 어느 정도 허세 부리는 의미가 있을지도 모릅니다. 하지만 아무 상관도 없는 사람에게 그런 '자기 자랑'을 늘어놓아봤자 '흥' 하고 콧방귀를 뀔뿐더러 '자기과시나 하는 불쾌한 사람'으로 나쁜 인상마저 줄 수 있습니다.

이른바 '자기과시'는 50대일 때, 아직 회사원 신분으로 있을 때 내려놓으세요.

◈ 다시 한번 생각해보기 ◈

50대가 되면 먼저 명함 없이 자신을 프레젠테이션할 수 있는 사람이 되어야 한다.

06

'요정님'이라고 불리든 말든 일하고 있는 시늉은 하지 않는다

자꾸 주변 사람들이 신경 쓰이는 50대. 월급은 많이 받으면서 '입으로만 일하는 아저씨나 아줌마'로 취급당하는 것이 싫어서 그만 자신도 모르게 일을 찾아서 한다. 이것을 과연 건설적이라 할 수 있을까?

'요정님'을 알고 있나요?

월급은 많이 받으면서 '입으로만 일하는 아저씨나 아줌마'인 50대를 존재감이 없다는 이유로 일본에서는 비꼬아서 '요정'이라고 부른다고 합니다.

이를테면 회사에 출근하기는 했지만 온종일 신문이나 읽고 있는 사람, 숨어서 몰래 이직 사이트만 쳐다보고 있는 사람, 동년배끼리 흡연실이나 휴게실에서 수다를 떠는 사람 등등. 이런 사람은 어느 회사에나 있는 모양입니다.

이와 반대로 자기 나름에는 하고 싶은 일을 똑 부러지게 잘하고 있다고 생각했는데 뒤에서 '일은 안 하고 입만 살아 있는 아저씨', '요정님' 취급을 당해서 괴로워하고 있는 사람도 있겠지요.

이럴 때는 어떻게 해야 할까요.
그냥 '말하게 놔두자'라고 마음을 고쳐먹으면 좋습니다. 괜한 관심을 보이면서 '일하는 척'을 하는 편이 훨씬 시간 낭비라는 생각이 드니까요.

'쓸데없는 회의'가 그 전형적인 예입니다. 시간이 남아돌아서인지 온갖 회의에 얼굴을 내밀고 싶어 하는 50대 사원이 있습니다. 이런 행동은 자신은 물론이고 상대방을 위해서도 좋지 않습니다.

오히려 불필요한 회의를 폐지하는 것이 50대에게 부여된 일이라 생각해야 합니다. 상사로서 아니면 직급정년 이후 '마음 편한 외야수'의 입장에서 "이 회의는 정말 필요할까?" 하며 문제를 제기하고 불필요한 회의를 없애는 제안이라면 젊은 층도 두 팔 벌려 환영할 것입니다.

'조기출근 = 선의'라는
생각을 버리자

딱히 바쁜 일도 없는데 '아침 일찍부터 회사에 있는' 것을 피하세요.
특히 코로나 이후로는 통근시간이 겹치지 않도록 시차통근을 권장
하고 있습니다. 용무도 없는데 가장 붐비는 시간에 출퇴근하는 것은
고의로 '밀집, 밀접, 밀폐'를 만들어내는 것입니다.

그리고 '조정'입니다. 본래 사내 인맥이 넓은 50대가 사내에서 다
양한 의견을 조정하는 것은 존재가치를 나타낼 절호의 기회이기도
합니다. 실제로 그렇게 할 수 있다면 갑자기 의욕이 활활 타오르기
시작하는 '나서기 좋아하는 아저씨, 오지랖 넓은 아줌마'는 어떤 회
사에도 있을 테지요.

원점으로 돌아와서 생각해보면 특별히 '조정'이 필요해진 것은 사내
의 의사결정 흐름이 제대로 돌아가고 있지 않다는 말이기도 합니다.

자신이 조정하면 곧바로 해결될 안건을 정식 루트로 제출하게 하
고, 그래서 해결이 잘 안 되면 계획 자체의 변경을 제안하는, 이것이
50대에게 바라는 진정한 일입니다.

'늘 같은 동료와 함께 어울리는 술자리'는 즐겁지만…

마지막으로 한 가지 더 '50대에 내려놓아야 할 것'을 말하고 이 장을 끝마치겠습니다. 그것은 '언제나 동년배 동료와 함께 어울리는 술자리'입니다.

말이 통하는 동년배 동료와 술잔을 기울이는 것은 즐겁기 마련입니다. 다만, 특히 남자끼리 있다 보면 대화가 자꾸 옛날이야기로 흘러가기 일쑤입니다. 아니면 잘 풀리지 않는 현 상황을 이야기하다가 서로 동병상련을 느끼기도 하지요. 또 일에 관해 푸념을 늘어놓다가 왠지 '나는 일을 하고 있다'라는 생각이 들기도 합니다.

코로나 19로 술자리 자체가 거의 없어지다시피 했지만, 이제는 이러한 습관을 잘라버릴 것을 권합니다. 시대는 이미 빠르게 바뀌고 있고, 옛 관습에서 조금이라도 빨리 벗어나는 것이 미래를 위해 좋은 일입니다.

◆ 다시 한번 생각해보기

누구한테 무슨 말을 듣든 '일하고 있는 척'만은 하지 않도록 한다.

'선두 주자'였던 50대 여성,
그녀가 지금 해야 할 일은?

50대 여성은 참으로 다종다양

이따금 독자들에게 '여성의 시각이 많이 반영되지 않았다'라는 지적을 받기도 합니다. 내가 이야기를 들은 1만 명 중에 상당수가 남성인 것은 사실이지만, 여성으로부터도 수많은 이야기를 들었으며 사례도 다채롭게 소개하고 있습니다.

그런데도 '여성의 시각이 많이 반영되지 않았다'라는 평가를 듣는 것은 내 불찰입니다. 여기서 한 가지 변명을 하자면 '여성의 사례는 너무나 다종다양해서 남성처럼 일반화하기가 어렵기 때문'이었습니다.

결혼보다도 일을 택하여 50대에도 활기차게 일하고 있는 사람, 가정과 일을 양립하면서 자기 할 일을 똑 부러지게 잘하는 사람, 50세에 일을 다시 시작하자마자 바로 그 능력을 인정받아 단숨에 막중한 일을 맡은 사람, 언제나 자기 방식대로 행동하며 취미 활동을 중심으로 살아가는 사람…. 똑같이 50대를 즐겁게 보내고 있는 사람일지라도 그 사고방식이나 특징은 정말로 저마다 제각각입니다.

일본에서 이 세대가 막 사회생활을 시작했을 때쯤 '남녀고용기회균등법'(1985년)이 생겨났고, 40대 후반~50대일 때 '여성활약추진법', 즉 일하는 여성을 응원하기 위한 법이 시행됐습니다. 그야말로 '일하는 여성'이라는 새로운 커리어 이미지를 개척해온 세대라 할 수 있겠지요. 즉 '선두 주자'인 까닭에 현재 60대가 넘은 사람의 조언이나 충고가 통하기 힘든 측면이 있습니다.

'다종다양한 50대 여성'이긴 하지만, 굳이 분석하자면 다음의 2가지 유형으로 크게 나뉠 수 있습니다.

쉬지 않고 계속 달려온 사람은
이쯤에서 잠시 숨 고르기가 중요

우선은 열정적으로 끊임없이 도전하는 사람. 그녀들을 보고 있노라면 50대 여성이야말로 앞으로의 세대를 바꿔나갈 중심인물이 아닐까 하는 생각마저 듭니다. 다만 '너무 열심히 하는 것은 아닌가' 하는 생각이 스칠 때가 있습니다. 오랜 기간 편집 일을 했던 U 씨는 아이 둘을 키우면서 아침 4시에 일어나 6시부터 일하기 시작하는 생활을 계속 이어왔습니다. 편집장을 역임한 후에 50세에 독립하여 원했던 해외 관련 일을 하다가, 55세에 갑자기 모든 일을 그만두고 "앞으로는 좋아하는 일만 하겠다"라고 선언했지요.

나도 함께하는 프로젝트가 있어서 만류했으나 그녀가 내뱉은 "나는 지금까지 푹 쉬어본 적이 없다"는 한마디, 쉬지 않고 계속 달려온 그녀에게 '잠시 멈춰서서 인생을 다시 생각해볼 시간'이 필요했다는 한마디로 충분히 이해할 수 있었습니다.

이는 남성도 마찬가지입니다. 정년까지 전속력으로 계속 달리기만 하면 할 일이 없어졌을 때 마음에 구멍이 뻥 뚫리고 나중에는 급속도로 활력을 잃게 될 우려가 있습니다. 그녀처럼 쉬지 않고 계속 전속력으로 내달리기만 한 사람은 50대 때 '잠시 숨 고르기'가 필요하다는 것을 유념해두기 바랍니다.

'사랑받는 50대 여성' VS '소외당하는 50대 여성', 그 차이는?

한편으론 '내가 할 일은 여기까지'라고 스스로 선을 긋고 그 이상의 일은 별로 하고 싶어 하지 않는 사람이 있습니다. '그래도 자기 할 일은 확실하게 해서 주위로부터 감사 인사를 받는 사람'과 '입으로만 일하는 아줌마라고 비아냥을 듣는 사람'으로 또렷하게 나뉘므로 신기할 따름입니다.

그런 차이를 낳는 이유는 무엇일까요? 물론 이유야 여러 가지 있겠지만, 그 하나로 '자기가 하고 싶은 일을 하는 시간을 마련했느냐'가 중요한 갈림길이 되는 것 같습니다.

어느 기업에서 40년간 '업무 전문가'로서 일해온 Y 씨는 일의 정확함과 대인관계가 좋아서 누구에게나 신뢰받는 인물이었습니다. 사적으로는 평생 독신으로 지내온 그녀의 취미는 '만화책'. 어마어마한 양의 만화책을 읽었고 주변 사람에게 추천하기도 해서 인기가 많았습니다. 그 밖에도 다양한 취미를 가지고 있던 Y 씨는 '자신의 시간'을 가졌기 때문에 일할 때 여유가 생겼고 그 결과 대인관계가 원만한 사람이 되었다고 생각합니다.

그녀는 정년이 되자 취미 생활을 즐기며 살기 위해 정년 연장도 하지 않고 곧바로 퇴사했습니다. 그녀가 자리에서 물러나자 회사의 업무 분위기는 단박에 험악해졌다고 합니다. 그만큼 그녀의 존재감은 컸습니다.

자녀 양육과 교육이 일단락되어 50대부터 도서관 사서 일을 파트타임으로 시작한 B 씨의 취미는 '동화책 쓰기'였습니다. 50대에 동화를 쓰기 시작해 글쓰기를 배우려고 2시간이나 걸리는 양성강좌에 다녔습니다. 친구와 함께 쓴 동화를 출판사에 가지고 가는 등 적극적으로 활동을 했습니다.

아쉽게도 채택은 되지 않았지만, 그녀는 50대를 돌아보며 "그 활동 덕분에 일도 열심히 할 수 있었다"라고 술회하고 있습니다. 실제로 직장에서는 아주 귀한 대접을 받았다고 합니다.

B 씨만이 아니라 한 차례 일을 그만둔 경력이 있는 40대, 50대 여성이 오랜만에 복귀했을 때 주변의 평가가 상당히 높은 경우가 많습니다. 어느 회사의 인사담당자는 "이 세대는 젊었을 때 회사에서 예의범절 등 일의 기본을 철저하게 배운 까닭에 조금 일해보고 감을 되찾기만 해도 금방 한몫을 하는 사람이 된다"라고도 말했습니다.

50대 여성은 더욱 자신감을 가져도 좋습니다.

앞으로 후회하지 않을 '재검토'와 '선택'을

50대를 자유롭게 살기 위해 어떤 선택을 한 여성의 이야기를 소개하겠습니다. 그 선택이란 '이혼'입니다.

아주 세세한 부분까지는 묻지 않았습니다만, 부부관계에 엄청난 스트레스를 받고 있던 그녀는 자녀가 독립하자 50세에 이혼을 결심하고 파견사원으로 일하기 시작했습니다.

원래는 전문대학 졸업 후 모 유명 제조회사에서 일반 사무직으로 일했는데 그 당시 익힌 능력은 금방 되살아났다고 합니다. 뛰어난 능력 덕분에 그야말로 '일 잘하는 파견사원'으로 융숭한 대접을 받고 있다고 합니다.

50대라는 나이대는 여성에게도 '지금까지의 인생을 재검토하는 데 더없이 좋은 시기'입니다.

지금까지 해온 선택을 후회할 필요는 없습니다. 앞으로 인생 후반기를 후회하지 않도록 선택하는 것이 중요합니다.

어느 '대선배'로부터 온 메시지

마지막으로 이 책을 위해 어느 선배 여성으로부터 받은 메시지를 소개하겠습니다.

미국과 일본을 왕래하며 활약한 경영자인 시라세 나오코 씨. 싱글맘으로 아이 셋을 키우면서 미국에서 데님 브랜드를 설립했고, 현재는 영어교육사업에 손을 뻗어 구태의연한 일본의 영어교육에 새 바람을 불어넣고 있습니다. 참으로 '멋진 여성'의 대표라는 생각이 듭니다.

그녀의 생각을 엿볼 수 있는 말을 옮겨 보겠습니다.

"이 세대는 남녀평등이라는 말을 귀가 따갑도록 들으며 살아왔지만 역시 남자는 남자, 여자는 여자라고 생각합니다. 50대 여성은 '남자처럼' 또는 '남자이상으로' 일을 해야 한다는 사고방식을 버리는 것이 중요합니다. '여자인 것을 무기로 하자'는 의미가 아닙니다. 여자라서 할 수 있는 특색을 어떻게 발휘할지 생각해보기 바랍니다. 어깨 힘을 빼고 넓은 시야로 자신을 다시 바라보고 사회를 관찰하다 보면 자신의 존재가치나 자신이 있을 곳이 보이기 시작합니다. 일본에서는 나이를 먹은 여성은 가치가 없다는 그릇된 사회적인 풍조가 여전히 남아 있습니다. 나이듦은 나쁜 일이 아니라 지혜로워질 수 있는 적기입니다. 나이듦을 비관적으로 받아들일지 두근두근 가슴 설레는 것으로 받아들일 수 있을지가 고스란히 일에도 반영될 것입니다."

미국과 일본의 현실을 알고 있기에 더욱 빛을 발하는 그녀의 메시지. 여러분은 어떻게 받아들이고 싶나요.

제 4 장

어떻게든, 오랫동안
일할 수 있는 환경을 만든다

01

이직을 하지 않더라도 '한발 먼저 움직여라,

이직을 생각한다면 '한발 먼저 움직여라,

정년 이후를 위한 준비는 언제부터 시작해야 할까'라는 의문을 가진 사람이 많다. 그 대답은 '빠르면 빠를수록 좋다.' 적어도 50대가 되면 한번은 진지하게 생각해볼 필요가 있다.

'50대일 때 4명 중 1명이 이직하고 있다'는 사실

아직 정년을 맞지 않은 50대 중에, 4분의 1가량이 타 기업으로 이직하고 있다는 사실을 알고 있나요?

직급정년을 맞이하여 다른 회사로 도전을 결심한 사람이 있고, 또 정년 후 재고용으로 줄어든 급여에 정나미가 떨어져서 회사를 나가버린 사람 등 그 이유도 긍정적인 것, 부정적인

제4장 어떻게든, 오랫동안 일할 수 있는 환경을 만든다

것 가지각색입니다. 또는 '조기퇴직'이라 일컫는 인원 감축으로 인해 회사가 준비한 재고용 알선(outplacement) 회사에 다음 직장을 소개받는 사람이 있습니다.

덧붙여 말하자면, 60세가 넘어서 회사를 옮기는 사람이 전체의 30% 이상에 달합니다. 이 사실만을 보더라도 '일본은 종신고용이 당연한 나라'라는 상식이 이제 무너지고 있다고 말할 수 있겠지요.

심지어 이직을 생각할 때 정년퇴직 후에 생각하면 되겠지, 하는 사람이 여전히 많습니다. 하지만 그것은 몹시 위험합니다. 단언컨대 이직이 가장 안 되는 사람은 정년퇴직하는 날까지 손 놓고 있다가 "잠시 재충전하고 나서 생각하겠습니다"라고 말하는 사람입니다.

마음을 모르지는 않습니다. 길게는 40년 가까이 계속 일해왔으니 잠시 쉬고 싶은 마음이겠지요. 하지만 재취업은 정년퇴직한 날부터 멀어지면 멀어질수록 채용률이 낮아지고 고용조건이 나빠지는 것이 엄연한 사실입니다.

좀처럼 재취업 자리가 정해지지 않아 그만 의욕을 잃고 마는 사례를 아주 흔히 볼 수 있습니다.

50대는 정년 후를 위해
'미리 준비해두는' 시간이다

이렇게 생각했을 때 실제로 이직하든 안 하든 상관없이 50대 때 자신의 커리어를 제대로 확인하고 한발 먼저 움직이는 것이 훨씬 중요하다는 사실을 알 수 있습니다.

앞서 소개한 보조금 지원 사업 전문상담사인 N 씨는 50대에 접어들면서부터 중소기업이나 고객과의 관계구축에 힘을 쏟았다고 합니다. 물론 그것은 업무상 이점을 생각해서이지만, 한편으론 자신을 알려서 독립했을 때 컨설팅 업무를 수주할 가능성을 높인다는 의도가 있었습니다. 이러한 활동을 50대에 해놓으면 실제로 독립할 때는 물론이고 회사에 남든 이직하든 간에 반드시 도움이 됩니다.

50대 전반의 사람은 아직 이르다고 생각할지도 모르겠지만, 너무 이른 때는 결코 없습니다. 지금부터 정년 이후의 커리어를 생각해서 행동으로 옮기는 것은 50대가 정말로 '이것만은 꼭 해야 할 일'입니다.

제2장에서 이야기한 대로, 그 원점이 되는 것은 '자신은 원래 어떤 사람인가'를 아는 것입니다. 예의 14가지 질문으로 자신을 깊이 꿰뚫어 봅시다. 그 결과, 정말로 하고 싶은 일을 찾으면 행복할 테고

반대로 '이것만은 하고 싶지 않다'는 것을 발견하면 그 또한 중요한 지침이 될 테니까요. 이직 여부와 상관없이 그 준비를 해서 '이직할 수 있는 자신'을 만들어두는 것은 모든 직장인에게 요구되는 사항입니다.

◦ 다시 한번 생각해보기 ◦

이직하든 안 하든 상관없이 '이직할 수 있는 자신'을
50대에 만들어둔다.

02

50대 이후 '이직'을 꿈꾸는 사람들이 알아야 할 것들

한 회사에서만 계속 몸담고 일해 '이직은 처음'이라고 하는 사람도 많을 것이다. 반드시 알아둘 '50대 이직의 상식'을 간추려서 설명하겠다.

'구직자 우위의 시장'에 속한 사람은 자신을 헐값에 팔아넘기지 말 것

'정년 후 재고용인지, 이직인지, 아니면 독립인지'는 그 사람의 커리어 플랜에 따라 각양각색입니다.

다만 그 사람이 속한 업계나 가지고 있는 능력에 따라 취업 난이도가 달라지는 것이 엄연한 사실이지요. 이 장에서는 '정년 후를 생각할 때 알아두면 좋은 이직의 상식'에 관해 언

제4장 어떻게든, 오랫동안 일할 수 있는 환경을 만든다

급하려고 합니다.

먼저 비교적 이직하기 쉬운 '구직자 우위의 시장' 업계부터 살펴보겠습니다.

- IT 기술자, AI 기술자
- 각종 소프트웨어 설계자
- 건축, 토목, 측량 관련 기술자
- 공장건설, 공장의 오퍼레이션과 같은 전문적인 지식을 지닌 기술자
- 의료, 간병 관련 종사자
- 지적 재산, 법무 등의 전문가

이러한 사람은 구직자 절대 우위 시장에 속합니다.

정년퇴직한 후에도 도와달라는 요청을 받아 인도 공장 가동 준비에 힘을 보탠 사람, 외국계 기업에 들어가 여러 건의 해외 프로젝트를 담당한 사람 등 상당수가 이 분야에서 활약하고 있습니다.

사무직에서도 특정 분야의 해외 비즈니스, 상업상의 용무, 세무에 정통하거나 무역실무, 제약업무 관계, 지적 재산과 같은 전문지식이 있는 사람은 유리하겠지요. 또 대기업에서 경리, 재무, 총무직 경험이 있는 사람은 아직 체계가 제대로 갖춰지지 않은 벤처기업으로 이

직하는 사례가 늘고 있습니다. 다만, 대기업과 벤처기업의 기업문화
는 사뭇 달라서 그것을 받아들이는 유연함이 필요합니다.

혹시라도 이직을 위해 헤드헌팅 회사에 등록한다면 복수의 헤드
헌팅 회사, 되도록 세 군데 이상의 헤드헌팅 회사에 등록하기를 권
합니다. 더불어 '구인 인원이 많은 곳', '엔지니어를 우대하는 곳', '특
정 직종에 경쟁력이 있는 곳' 등 다른 속성을 지닌 헤드헌팅 회사가
좋습니다.

아울러 '자신을 헐값에 팔아넘기지 않는 것'이 중요합니다. 자신의
가치를 충분히 전하고 수긍할 수 있는 조건을 끌어냅시다.

일자리가 부족한 '고용자 우위의 시장'일지라도
지나친 걱정은 불필요

'디자이너', '제조기술', '기계조립' 등의 업무, 그리고 대부분의 '일반
사무직'은 솔직히 말해서 채용인원이 별로 많지 않은 것이 현실입니
다. 조건도 그다지 좋지 않은 편이고요. 이러한 업종이나 업계에서
일한 사람은 일단 '재고용'이 기본 전략이 되겠지요. 아니면 독립을
생각하거나 어딘가 기업에 고문으로 들어가는 선택지가 있습니다.

취업하기 유리한 직종이 아니므로 50대에 준비하는 것이 매우 중요합니다. 하나라도 더 자신이 할 수 있는 분야를 늘리거나 전문분야를 파고들면 좋습니다.

지금까지 언급한 내용은 어디까지나 경제적인 측면을 중시한 이야기입니다. 연봉이 절반으로 줄어들어도 취미 생활에 할애하는 시간을 늘리고 싶다, 연봉이 적더라도 좋아하는 일을 하고 싶다, 이러한 사람이 당연히 있을 것입니다. 또 요구사항이나 조건에 구애받지 않고 '하고 싶은 일을 하자'는 사람도 당연히 있겠지요.

마지막으로 중소기업 등은 요즘 전반적으로 일손이 부족해서 일자리를 얻지 못할 일은 우선 없습니다. 너무 걱정하지 않아도 괜찮습니다.

> **다시 한번 생각해보기**

'50대 이직 시장'은 의외로 생각보다 활발하다. 결코
자신을 헐값에 팔아넘기지 마라.

03

재고용이라는 상식의 틀에 얽매이지 말고 당당하게 협상하라

'회사의 규칙은 따라야 하는 것'이 당연하다고 생각해왔다. 하지만 정말로 그럴까? 정년 후에도 그러한 사고방식에 얽매일 필요가 있을까?

회사와 당당하게 교섭한 어느 부장님

'정년 후 재고용되고 나서 급여가 크게 줄어들었다'와 같은 이야기가 하도 나돌아서 정년 후 재고용에 관해서는 부정적인 이미지가 먼저 떠오릅니다.

아마 기업의 대부분은 그것이 현실이겠지요. 하지만 개중에는 그러한 상식에 얽매이지 않고 유리한 조건을 받아낸 사람이 있습니다. 내게 그것을 일깨워준 사람은 어느 대기업의 부장이었던 Z 씨입니다.

그가 일한 회사에서는 관리직으로 정년퇴직하고 나면 그룹 계열사로 파견근무를 나갔다가 그 후 다시 원래 다니던 회사로 돌아와 재고용된다는 규칙이 있었지요. 재고용된 후의 근무체계는 주 5일 근무로 업무도 이전과 별반 다르지 않습니다. 역시나 부업은 금지고요. 하지만 연봉은 대폭 삭감됩니다.

Z 씨는 자기가 하는 일에 대한 확신이 있었기 때문에 회사에 직접 호소했습니다. 다짜고짜로 경영진을 찾아가 "이상하지 않냐"며 목소리를 높였다고 합니다. 그 결과 Z 씨는 '다른 사람으로 대체 불가한 존재'로 인정받아 연봉 인상(적어도 1,000만 원 이상)에 성공했습니다.

정년 후 재고용으로 연봉이 줄어드는 것은 '후배들을 위해 당연'하다는 의견이 지배적이지만, '동일노동과 동일임금'의 원칙에 비추어보면 이상하다는 의견이 있습니다. 다시 말해, 회사로서도 확고한 신념을 가지고 그렇게 하는 것은 아니라는 말이지요.
'자신이 가치 있는 일을 할 수 있다'라고 생각하는 사람은 당당하게 회사와 협상하기 바랍니다.

'이직'을 비장의 카드로
준비하라

조건을 협상하기 가장 쉬운 곳은 만성적으로 언제나 일손이 부족한 IT 업계입니다.

시스템 감독이나 PM(Project Manager)을 할 수 있는 인재는 물론이겠고, PL(Project Leader)이나 SE(System Engineer)도 채용하고 싶은 마음이 굴뚝같다는 것이 기업 대부분의 현실입니다. 코로나19에 따른 재택근무 확대가 이 상황에 더욱 박차를 가하고 있습니다.

이러한 인재는 이직한다면 아마 여기저기서 손을 내밀겠지요. 그래서 그것을 미끼로 회사와 교섭해보는 것입니다. 회사 측은 다른 사원들 앞에서 공개하는 것을 탐탁히 여기지 않겠지만, 실은 교섭에 따라 통상의 재고용 이상의 좋은 조건을 이끌어낸 사람이 상당수에 이릅니다.

통상의 급여와 별개로 성과급을 얹어주는 일도 흔히 있는 패턴입니다. 그렇다면 열심히 노력한 만큼 보수가 오르기 때문에 동기부여가 될 것입니다.

고령층 인재 활용은
어디서나 공통의 과제

일손 부족은 IT 업계는 물론이고, 운송, 건설 등 수많은 업계에서 심각한 문제가 되고 있습니다. 한편 저출산 고령화가 진행되어 부족한 인재를 신규 졸업자로 보충하는 것도 어려워지고 있습니다. 그렇게 생각했을 때, 고령층 인재를 한층 더 활용하는 것은 어떤 기업이든 불가피하며, 앞으로는 지금처럼 '정년 후 재고용되면 급여가 큰 폭으로 줄어드는 것이 당연'하다는 상식은 서서히 재고되겠지요.

지금은 그야말로 전환기이고 따라서 교섭의 여지가 있습니다. 회사가 시키는 대로 일하는 측에서 회사와 교섭하는 측으로, '인생의 전환기가 찾아왔다'라고 생각하고 주저하지 말고 회사와 교섭해보세요.

다시 한번 생각해보기

'연봉이 대폭으로 줄어드는 재고용'은 상식이 아니다.
필요하다면 당당하게 교섭하라.

04

50대의 이직은 추천이나 소개가 효과적이다

이직을 위한 헤드헌팅 회사나 채용 사이트가 범람하는 가운데 실제로 이직 시장의 현실은 의외로 '아날로그'이기도 하다. 그렇다면 좋은 이직처를 찾는 비결은 무엇일까?

'여차하면 잘 부탁합니다', 이것만으로 효과가 직방

50대의 이직은 신규 졸업자가 취업 준비를 하는 것보다 훨씬 '뜻밖의 일'과 '운', 그리고 '그때까지 맺어온 인간관계'로 좌우되기 쉽습니다. 그래서 꼭 '이것만'은 해놓기 바라는 일이 있습니다.

만일 여러분이 이직을 생각한다면 그 대상이 되는 기업에 "여차하면 잘 부탁합니다"라고 인사해둘 것, 이것뿐입니다. 특히 중소기업의 어느 정도 지위가 있는 사람이 상대라면 그 효과는 직방입니다. 실제로 이 방법으로 이직할 회사를 찾은 사람을 여럿 알고 있습니다.

'설마 겨우 그 정도로'라고 생각하는 사람은 중소기업의 힘겨운 채용 사정에 대해 잘 모르는 것입니다. 가만히 있어도 우수한 인재가 지원해주는 대기업과 달리, 중소기업에서는 지원하면 무조건 채용하거나 그래도 부족해서 정년을 앞둔 사원을 퇴직시키지 못하는 곳이 수두룩합니다.

그런 중소기업에서는 그 사람이 어떤 사람인지, 또 커리어는 어떤지 '알고 있는 사람'은 몹시 탐이 나는 인재입니다. 이런 식으로만 인재를 채용하는 중소기업이 적지 않습니다.

'리퍼럴 채용'

기업에 따라서는 '리퍼럴 채용' 제도가 있는 곳이 있습니다. 리퍼럴 채용이란 '사원의 소개로 뽑는 채용'을 말하며, 이전부터 외국계 기업을 중심으로 계속 행해지고 있는 수법이었습니다. 요즘에는 일반 일본 기업으로도 확대되고 있습니다.

채용에 성공하면 소개한 직원에게는 수백만 원의 격려금을 주는 사례가 많아서 채용하는 회사, 채용되는 사람, 소개한 사람, 셋 다 모두 좋은 제도라 할 수 있습니다.

이 제도를 채택하고 있는 기업의 직원에게 말을 걸어두면 한결 가능성이 커지겠지요. 이것을 한마디로 말하면 아는 사람은 알고 모르는 사람은 모르는, 이직의 '히든 메뉴'라 하겠습니다. 이러한 것을 알고 있으면 이직 준비가 훨씬 유리해집니다.

나는 리쿠르트 출신이라서 자연스럽게 인재 관련 정보가 들어옵니다. 이러한 '입소문 채용', '리퍼럴 채용'은 헤드헌팅 회사를 통한 이직 이상으로 일반적이라는 생각이 듭니다.

개인 기업 사장에게는
'직접 담판'이 효과 있다

한 가지 더, 비밀 중의 비밀이라 할 만한 '숨은 비법'을 알려드리겠습니다. 개인 기업에 한정된 이야기입니다만 바로 '사장에게 편지를 쓰는' 것으로, 실제로 여러 명이나 이직에 성공한 숨은 비법입니다.

직업상 개인 기업 사장들과 만날 기회가 많아서 이전에 "이런 편지를 받으면 어떻게 하겠습니까?" 하고 닥치는 대로 묻고 다닌 적이 있습니다. 그러자 거의 전원이 편지를 뜯어 내용을 읽고, 절반은 실제로 만나 보겠다고 대답했습니다. 즉 입사 지원 돌파율 50%에 해당하는 숨은 비법인 셈입니다. 물론 상대 기업이 구인모집 중이 아니라도 상관없습니다.

편지 구성은 '짤막한 인사', '이 회사를 알게 된 계기', '흥미와 관심을 가진 이유(이것이 핵심입니다)', '이 편지의 용건', '간단한 자기소개', '면담 의뢰' , '이력서와 경력증명서', 이러한 흐름으로 쓰면 좋습니다. 상대 기업을 잘 알고 있다는 것, 또는 얼마나 흥미와 관심이 있는지 등이 핵심입니다. 흥미를 갖게 된 계기를 포함해 상대에게 강한 인상을 남길 수 있도록 합시다.

'헤드헌팅 회사에 등록해두면 OK'라는 정도로 안일하게 생각했다가는 아무리 시간이 지나도 이직할 곳이 정해지지 않을 우려가 있습니다. 스스로 실천에 옮기세요.

◉ 다시 한번 생각해보기 ◉

평소에 말을 걸어두자. 유사시에는 그것이 의외의 효과를 발휘한다.

'고문'이라면 딱딱한 이미지가 있지만 실제로는 조언자 같은 느낌이 많다. 고용하는 측이나 고용되는 측 모두에게 이득이 되는 '고문'이란 무엇일까?

'고문, 계약은 자신이나 회사나
모두에게 이익이 되는 선택

고문이 되는 문턱은
의외로 낮다

여러분은 '고문'이라 하면 어떤 사람이 생각나나요?

대기업이라면 임원이나 감사, 퇴임 후의 지위를 호칭하는 경우가 많습니다. 여기서는 좀 더 일반적인 수준의 '고문'을 소개하려고 합니다. 이미지로서는 오히려 '조언자'에 가까울지도 모릅니다.

'기술 고문'이나 '영업 고문'은 흔히 볼 수 있습니다. 이러한 전문 스킬을 요구하는 중소기업에서 일주일에 3일, 또는 한 달에 몇 번, 회사에 출근하여 지도하고 조언하는 역할을 담당하는 일입니다.

고문이 좋은 이유는 우선, 자신이 지금까지 갈고 닦은 스킬을 마음껏 발휘할 수 있다는 점입니다. 게다가 주 3일 등, 한정적인 근무 형태가 많아서 자신의 시간을 소중히 할 수 있습니다.

고문료 자체는 그다지 고액은 아닙니다. 많아야 200만 원, 보통은 월 100만 원가량입니다. 다만 매일 근무하지 않고 이 정도의 급여를 받을 수 있다면 만족할 만하고, 고문 일을 여러 곳 겸임해서 돈을 많이 버는 사람도 있습니다.

말하자면, 애초에 이 정도의 금액이면 괜찮은 편이라서 고문직의 수요가 있는 것입니다. 컨설턴트에게 의뢰하면 한 건에 수천만 원 비용이 드는 것을 월 100~200만 원으로 조언을 받을 수 있어 회사로서도 상당히 득이 되는 제도입니다.

50대에 무엇을
깊이 파고들지가 관건

어떻게 하면 고문이 될 수 있을까요. 한마디로 말하면 '어떤 분야에서 전문가가 되는' 것입니다.

50대가 되어 출세의 길에서 벗어났다면 꼭 '뭔가 고문직에 취직할 정도의 실력을 익힐 기회'라고 생각해보세요. 이를테면 영업부문에서 차곡차곡 경력을 쌓아온 사람이라면 자원해서 현장에 나가 그곳에서 인맥을 만들어두는 식입니다.

모 기업에서 해외 영업 전문가로서 활약했던 D 씨는 정년 후에 어느 의약품 관계 기업의 고문으로 들어가 해외 거래처를 개척하는 일을 도왔습니다. 말로는 도왔다고 하지만 본인도 전 세계를 누비고 다녀서 실질적으로는 사원이나 매한가지였으나 본인은 현역 시절 이상으로 즐겁게 일하고 있습니다.

특히 수요가 높은 곳은 기술직입니다. 설계, 제조, 생산, 품질보증, 시스템 같은 공학 계열 기술은 물론이고, 제약업무, 무역 실무, 법무, 프로젝트 매니지먼트 같은 노하우를 가진 사람은 중소기업, 벤처기업에 수요가 있습니다.

또 현역 시절에 거래처였던 기업에 정년퇴직하고 나서 '고문'으로 고용되는 사람이 의외로 많습니다. 거래처와 공고한 관계를 맺기 위한 정치적인 의도가 있겠지만, 면식이 있는 회사라면 일하기 쉬운 것은 두말하면 잔소리겠지요.

여기에서도 '말을 걸어두는 것'이
효력을 발한다

보통은 고문직을 맡아달라는 요청을 직접 받기도 하지만 요즘에는 헤드헌팅 회사가 이러한 고문을 알선하는 일을 행하고 있습니다.

애초에 고문이 필요한 기업은 헤드헌팅 회사에 의뢰하기 전부터 누군가에게 '이러이러한 사람이 있으면 소개해달라'고 부탁하고 있습니다. 이직할 때도 마찬가지로 친하고 인맥이 넓은 사람에게 '정년 후 ○○ 분야에서 고문직을 희망한다'고 말해두면 좋습니다. 여기에서도 마지막으로 효력을 발하는 것은 '말을 걸어두는 것'입니다.

◦ 다시 한번 생각해보기 ◦

자유와 돈이 함께 주어지는 '고문'이라는 선택지를 염두에 둔다.

06

'정년 이후 대학 강사로'라는 커리어도 꿈이 아니다

'남에게 무언가를 가르치고 싶다'는 생각을 지닌 사람이 많은데 최근 '강사가 될 수 있는 자리'가 늘고 있어 참고할 만하다.

어떤 사람이 '대학 강사'가 될 수 있을까

'정년 후에 대학 강사로 전향'하는 것은 상당한 실적을 남긴 사람만 이룰 수 있는 길처럼 생각합니다. 하지만 내 주변에서는 놀라울 정도로 많은 사람이 '대학 강사'가 되었습니다. 지극히 평범한 중소기업 출신자임에도 말이지요.

이유인즉슨, 대학 측이 '현장을 아는

사람'을 원하고 있기 때문입니다. 또 한 가지 덧붙이자면 한때 대학이 우후죽순처럼 난립했던 적이 있는데 그때 생긴, 역사가 오래되지 않은 신생 대학은 만성적으로 강사 부족에 시달리고 있기도 합니다.

어떤 사람이 그러한 길을 걷게 되었는지 실제 사례를 소개하겠습니다.

중소기업에서
대학 강사가 되는 길이 있다

G 씨는 본래 교직 생활을 하다가 IT 기업으로 이직하여 인재 개발과 사원 교육을 담당한 교육 전문가였습니다. 50대 때, 일을 통해 알게 된 연수 강사의 소개로 어느 대학에서 컴퓨터공학을 가르치고 있습니다.

어느 중소 가전용품 회사, 이른바 '소규모 공장'의 임원이었던 I 씨 역시 대학의 요청으로 전자공학을 가르치고 있습니다. I 씨는 "중소기업은 자신의 전공 분야는 물론이고, 그 밖의 일도 뭐든지 해야 한다. 그래야 전공 이외의 다양한 지식을 가르칠 수 있다"라고 말합니다. I 씨의 경우, 정말로 이러한 현장 능력을 높이 평가받은 채용이

였다는 것입니다.

그 밖에도 식품제조회사에서 화학조미료 연구를 하던 사람이 식품계열 대학의 강사가 된 사례가 있습니다. 오랫동안 노동기준감독 부서에서 근무하던 사람이 대학에서 노동법 강사가 된 사례를 알고 있습니다.

이렇게 보면 역시 '뛰어난 재주 한 가지'가 대학 강사가 되기 위한 조건이라는 것을 알 수 있습니다.

물론 이 역시 쉬운 일은 아닐 뿐더러 고문에 비하면 좁은 문이지만 찾아보면 의외로 모집하는 대학이 많습니다. 흥미가 있는 사람은 찾아보세요.

의외의 특기를
살릴 수 있는 일도 있다

대학까지는 아니더라도 '남을 가르치는' 일의 수요는 그 밖에도 다양하게 있습니다. 연수 강사 수요는 꾸준히 있고, 가르치고 싶은 사람과 배우고 싶은 사람을 연결하는 스킬셰어 서비스도 늘고 있어 누구나 부담 없이 '선생님'이 될 수 있는 시대가 되었습니다.

프레젠테이션과 코칭, 글쓰기, 프로그래밍 같은 실무에서부터 '좋은 목소리를 내는 법', 심지어 '칼갈이' 같은 독특한 것까지 다양한 강좌가 존재합니다.

'자신의 경험을 살리고 남을 가르치는 일'은 멋진 일입니다. 내가 무엇을 가르칠 수 있을지 생각해보면 어떨까요.

다시 한번 생각해보기

'가르치는' 분야의 수요는 의외로 많다. '나는 어떤 분야의 강사가 될 수 있을지' 생각해본다.

07

분수에 맞는 '1인 창업'이라는 선택지도 있다

'창업'이라면 진입장벽이 높다고 생각되지만, 경험을 살린 '1인 창업'이라면 의외로 위험이 적은데다가 연봉 1억 원도 꿈이 아니다.

'법인화'의 장점은 많다

일본의 인기 중고 서적 쇼핑몰인 '북오프' 창업자인 사카모토 다카시 씨, '라이프넷 생명보험'의 데구치 하루아키 씨, 또는 '맥도널드'의 레이 크록 씨 등 50대에 창업하여 거대한 비즈니스로 키운 사람은 숱하게 많습니다.

참고로 나는 MBA를 마치고 귀국한 1993년에 처음 맡은 일이 리쿠르트에서 의뢰받은 '북오프' 비즈니스 모델의 마케팅 조사였기 때문에 이따금 사카모토 씨와 맥주를 마시면서 여러 가지를 배우는 귀중한 기회를 얻었습니다.

이러한 성공 모델을 꿈꾸며 '50대부터라도 겁먹지 말고 창업을'이라고 말하고 싶지만 그야말로 앞서 열거한 사람들처럼 비즈니스를 시작하는 것은 진입장벽이 높습니다.

내가 말하고 싶은 것은 오히려 분수에 맞는 '1인 창업'입니다.
1인 창업의 가장 큰 장점은 하고 싶은 일을, 하고 싶은 대로, 자유롭게 할 수 있는 것입니다. 더욱이 열심히 노력한 만큼 벌어들인 수입 전부가 자기 것이 됩니다.

프리랜서와 거의 똑같지만 '법인화'하면 경비로 사용할 수 있는 폭이 커지고 세금 면에서 두루두루 장점이 있습니다.

'전문성'에 기회가 있다

한 가지 사례를 들자면, 유명 제조회사에서 지적 재산 관련 일을 취급해온 H 씨는 원래 영어에 능통하여 50대에 퇴사하고 '기술번역'

분야로 1인 창업을 했습니다. 이 분야는 매우 수요가 높아서 창업 당시부터 수많은 제조회사로부터 끊임없이 의뢰가 들어왔다고 합니다.

아시다시피 요즘은 AI(인공지능)에 의한 자동번역 정밀도가 급속히 높아지고 있고, 의미가 통하는 수준의 번역이라면 AI로 충분히 해결할 수 있습니다. 하지만 H 씨처럼 영어 실력과 전문지식을 겸비한 사람은 AI로 대체하기 힘듭니다.

H 씨는 이미 70대에 접어들었으나 자동번역을 병용하면서 여전히 일이 넘쳐나 바쁘게 지내고 있습니다.

수요에 따라서는
'연봉 1억 원'도 가능하다

내 주변에는 '영업 대행'으로 활약하는 사람이 많습니다. 어느 지인은 연수 기획 회사의 영업을 의뢰받아 예전의 인맥을 살려서 왕성하게 일하고 있습니다. 신생 기업에는 '기술력, 개발력은 있지만, 영업력은 없다'고 하는 회사가 많아 '영업 대행'의 수요는 탄탄합니다.

그 밖에도 인사 부문 출신자가 인사 제도나 채용, 육성에 관여하거나, IT 업계 출신자가 시스템 개발 프로젝트의 일익을 담당한 사례가 있습니다. 또 개인으로 헤드헌팅 활동을 하는 사람도 있습니다.

전직의 전문성을 살린 일이라는 점이 공통점입니다. 말하자면, 전부 초기비용이 들지 않는 비즈니스입니다. 또 이야기를 들어보면, 독립하기 전부터 예상 고객이랄까, 거래할 가능성이 많은 고객 후보와 연줄을 맺어놓은 일이 독립하는 데 지원군이 되었다고 합니다. 여기서도 한발 먼저 움직인 준비가 중요하지요.

이러한 사람들의 연간 수입은 천차만별이지만 개중에는 수억 원을 벌어들이는 사람이 있습니다. 대개는 5,000~6,000만 원 정도의 수입을 얻는 사람이 많습니다. 적어도 정년 후 재고용의 평균적인 연봉인 3,000만 원 이상은 벌고 있는 사례가 대부분입니다. 수요에 따라서는 1억 원 이상을 벌 수 있기도 하고, 이러한 점이 1인 창업의 매력이라 할 수 있겠지요.

◦ 다시 한번 생각해보기 ◦

50대에 스킬을 연마하여 '1인 창업' 준비를 해둔다.

08

'집대성하기 위한 이직, 도 고려해 본다

'해보고 싶다'고 줄곧 생각해온 일이 있다고 해보자. 그것을 지금 다니는 회사 안에서는 실현할 수 없다면…. 큰마음 먹고 '집대성하기 위한 이직'이라는 길을 생각해본다.

회사를 박차고 나가 '자기실현'을 꿈꾼 사람들

제2장에서 '50대에 자신이 해온 일을 집대성하라'라는 이야기를 했습니다. 후배에게 도움이 되는 매뉴얼을 만들고 자신만이 할 수 있는 일을 완수하는 등, 이렇게 '집대성한' 활동이 50대에게 일을 하는 동기부여가 되고 회사에 공헌도 되기 때문입니다.

세상에는 '집대성하기 위해 굳이

이직이나 창업하는' 선택지를 택하는 사람이 있습니다. '라이프넷 생명보험'의 창업자인 데구치 하루아키 씨가 대표적인 인물입니다.

대형 생명보험회사에서 런던 현지법인 사장과 국제업무부장 자리까지 오른 데구치 씨는 스스로가 꿈꾼 '이상적인 보험의 형태'를 실현하고자 이와세 다이스케 씨와 함께 58세에 창업했습니다. 당시에는 무모하다는 말을 들었지만, 아마도 이제는 라이프넷 생명보험의 이름을 모르는 사람은 없을 것입니다.

커리어를 '마무리'하기 위해
굳이 관공서로

커리어를 '마무리'하기 위해, 50대에 굳이 관공서로 이직하는 길을 택한 사람이 K 씨입니다.

K 씨는 건설회사에서 원자력 시설 엔지니어링 부문에 근무했었습니다. 근무하면서 항상 원자력 시설의 내진 안전기준이 부실한 것에 대한 위기감을 안고 있었고, 50대에 접어들면서 이제는 심사하는 측에서 원자력 안전에 공헌하겠다고 생각을 굳혔습니다.

이직하고 나서는 엄격한 심사로 자신의 견해를 피력하며 조금씩 충실감을 느끼게 되었습니다. 안타깝게도 이직의 계기가 된 K 씨의 우려는 적중했고, 후쿠시마 제1 원자력 발전소 사고가 발생하고 말았습니다. 그 후로는 두 번 다시 이런 일이 일어나지 않도록 후진 양성에 힘을 쏟고 있다고 합니다.

K 씨 자신은 원자력 발전소 사고를 막지 못해 "후회와 허무함이 남는다"라고 술회하지만, 직장인 인생의 '마무리'를 훌륭하게 해낸 매우 뜻깊은 활동이라 생각합니다.

300명을 통솔하는 관리자에서
'보육사'로 화려한 전향

전직과 아무 관계가 없는, 독특한 이직의 길을 택한 사람이 있습니다. 바로 대형 시스템회사에서 부장을 지낸 U 씨입니다.

일본 각지에서 '보육사 부족'이 문제가 되는 가운데, U 씨도 이 문제에 깊은 우려를 하고 있었습니다. U 씨는 자진해서 보육사 부족 현상을 해소하는 데 한몫 거들고자 정년퇴직 후에 65세의 나이로 '보육사'가 되었습니다.

한때는 300명의 부하직원을 통솔하던 U 씨였지만 지금은 30살이나 어린 여성 밑에서 일하고 있다고 합니다. 하지만 본인은 딱히 신경 쓰는 기색 없이 즐겁게 일하고 있습니다.

이와 관련한 활동을 지원하는 '라이프 시프트 재팬'이라는 조직이 있습니다. 이곳 홈페이지에는 '시스템 엔지니어에서 50대에 맥주 양조장을 개업', '50대에 편집자에서 연구자로' 등의 '변신'을 성공한 사람의 사례가 다채롭게 실려 있습니다. 흥미가 있는 분은 들여다보기 바랍니다.

20세에서 50세까지가 30년이라면 50세부터 80세까지도 30년입니다. 제2의 커리어로서 생판 다른 분야의 일을 해보는 것도 재미있지 않을까요. 시간은 아직 충분합니다.

◆ 다시 한번 생각해보기 ◆

만일 지금 다니는 회사에서 할 수 없는 일이 있다면
'인생을 집대성하기 위한 이직'도 충분히 가능하다.

09

'최저시급이라도 괜찮아,라고 생각한다

직장인을 옭아매는 '프라이드'라는 족쇄. 그것을 걷어내면 즐거운 인생이 있을지도 모른다.

구태여 시급이 낮은 일을
택한 사람들

60대 이후에 그다지 돈 때문에 걱정할 일이 없는 사람은 차라리 '프라이드'를 버리는 것'도 방법입니다. 실제로 그렇게 마음을 고쳐먹고 즐거운 인생을 보내는 사람이 의외로 많으니까요.

J 씨는 일류대학의 간판 학과를 졸업하고 모 생명보험회사의 부장으로

일하다가 직급정년이 되었고, 정년퇴직 후 재고용을 거쳐 65세에 퇴직, 그 후에는 도쿄 시내에 있는 고층 빌딩의 경비원으로 취직했습니다. 시급은 1만 2,000원입니다.

이만한 경력이라면 분명 다른 일이 있었을지도 모릅니다. 하지만 J 씨는 '취미 생활을 즐기려면 교대 근무하는 업종이 좋다'는 이유로 경비원 일을 택했다고 합니다.

'생활 리듬을 위해 일을 한다'는 선택지도 있다

제2장에서 소개한 대형 손해보험회사를 정년퇴직한 이후, 시급 1만 4,000원의 데이터 입력하는 일을 하는 C 씨도 마찬가지입니다.

C 씨는 처음에 원래 다니던 회사의 계열사에서 데이터 입력하는 일을 했지만, 얽매이는 것이 귀찮다면서 지금은 원래 다니던 회사와 전혀 관계가 없는 회사에서 똑같이 데이터 입력하는 일을 하고 있다고 합니다.

직접 아는 사람은 아니지만, 예전에 어느 신문판매점의 사장님으로부터 '정년퇴직한 후에 신문 배달을 하는 대기업출신자가 있다'는 이야기를 들은 적이 있습니다. 일단 생활비 명목이라는 이유가 있지만, 다른 일을 택할 수 있는데도 구태여 신문 배달을 택한 것은 '건강하고 규칙 바른 생활을 하고 싶어서'라고 합니다.

삶의 활력을 위해, 건강을 위해, 또는 생활 리듬을 유지하기 위해 일을 계속하고 있는 사람이 의외로 많습니다.

정년퇴직하고 나서도 '프라이드'에 얽매이는 것은 어리석다

이미 정년을 맞이한 여러 선배분의 이야기를 들어보면 이처럼 '프라이드에 집착하는' 것을 스스로의 의지로 졸업한 사람들이 의외로 많다는 사실을 깨닫게 되었습니다.

모두 현역 시절보다 훨씬 생기가 넘칩니다. 현역 시절의 프라이드가 얼마나 사람을 옭아맸는지 재인식하게 됩니다.

체면이나 주변의 시선 따위 일체 신경 쓰지 않고 자신이 생각한 대로 일을 택해 즐겁고 자유롭게 매일매일 보낼 수 있다면 이것이야말로 최고로 행복한 세컨드 커리어임에 틀림없습니다.

이 장에서는 정년퇴직 후의 진로에 관해 다양한 사례를 소개했습니다. 결국, 중요한 것은 '정년 후의 인생은 이래야만 한다'는 통념에 얽매이지 말고, '인생은 저마다 다르다'고 생각하는 것이 아닐까요. 특히 다음과 같은 '회사원 시절의 상식'에 얽매이지 않아야 합니다.

- 연봉이 높은 일이 멋지다
- 사람을 부리는 쪽이 멋지다
- 조직이 클수록 멋지다
- 과거의 실적이 있는 사람이 멋지다

여기에서도 '승부에 얽매이는 이원론적인 사고방식'에서 벗어나 '제멋대로, 그리고 이기적으로 사는 것'이 중요합니다.

○ 다시 한번 생각해보기 ○

정년 후에 종사하는 일에 귀천은 없다. '자신이 가장 즐겁게 일할 수 있는 스타일'을 목표로 정한다.

'20세기에서나 통하던 기술'이
지금 되살아났다고?

'전화 영업 기술'이 지금 요구되고 있다?

지금의 50대는 일본의 거품 경제기부터 거품 경제 붕괴 직후(1986년~1991년) 정도에 직장생활을 시작한 사람이 많을 것입니다. 당시에는 아직 80년대 비즈니스 방식이 뿌리 깊게 남은 시대였습니다. 불쑥 전화하거나 찾아가서 영업하는 것을 당연시하고, 밤낮 가리지 않고 수시로 찾아가는 일도 예사였습니다. 정말이지 '생각하기 전에 몸이 먼저 움직이는' 시대였습니다.

이러한 영업방식 기술은 '구시대적'이라고 부정당해왔습니다. 하지만 그중에는 요즘에도 통하는 기술로 재평가된 것이 있습니다.

정년퇴직한 이후에 독립하여 영업교육 전문가로서 고문으로 일하는 지인이 특출나게 잘하는 일이 '전화 영업'입니다. 마치 8~90년대 열혈 영업 사원을 보는 듯한 기술이지만, 지금은 마케팅 자동화에 길들여진 고객에게 결정적인 마지막 한 방이 필요할 때 '전화 영업'의 중요성이 재평가되고 있습니다.

요즘 젊은이는 전화로 영업을 한 적이 없습니다. 그래서 그의 노하우가 빛을 발하는 것입니다.

또는 '접대'의 노하우입니다. 이전에 어느 잡지에서 접대 특집을 하고 싶다며 취재에 응해달라는 의뢰를 받았을 때 들은 이야기입니다. 요즘 젊은 직장인에게 접대 예절이나 지혜가 계승되지 않아 현장의 필요성이 많아져서 이러한 주제를 편성했다고 합니다.

음식점을 고르는 일부터 사전준비, 맥주를 따르는 법, 접시를 잡는 법, 음식을 나눠 담는 예법에 이르기까지 접대는 섬세한 노하우의 연속입니다. 만일 당신이 이러한 경험이 풍부하다면 그것을 매뉴얼화 하는 것도 하나의 방법일지 모릅니다.

언뜻 보기에 구닥다리 같아도
그 '본질'은 통할 것이다

젊은 시절에 주력해온 일이 지금은 '구닥다리' 취급을 당해 어딘가 답답하고 떨떠름한 감정을 느끼고 있는 사람이 많겠지요. 그대로라면 활용하지 못해도 그 본질은 지금도 통용되는 것이 분명히 있을 것입니다.

이를테면 경비가 삼엄해진 요즘, 불쑥 찾아가는 영업은 여간해서는 하기 어려운 것이 사실입니다. 그러나 '그 회사의 높은 사람의 이름을 댄다', '자신이 팔고자 하는 상품의 가치를 한마디 말로 단적으로 전한다' 등과 같이 불쑥 찾아가는 영업으로 효과를 발휘하는 기술은 지금도 충분히 유효할 것입니다.

'이제 구닥다리'로 취급당하는 자신의 기술을 어떠한 형태로 지금 살릴 수 있을지, 부디 잘 생각해보기 바랍니다. 자신이 해왔던 일을 전부 부정하는 것은 괴로운 일이니까요.

모든 인간관계를
'이기적으로' 재구축하라

01

커뮤니티를 만든다 60세까지 다섯 군데 이상의

잃고 나서야 비로소 '회사라는 곳'이 얼마나 소중했는지 깨닫는 사람이 많은 법. 50대 때 가능하면 '커뮤니티'를 많이 만들어두자.

많은 남성의 발목을 잡는 '소속감이 없는 증후군'

"정년퇴직 후에야 비로소 '소속감'의 중요성을 깨달았다."

직장생활을 무사히 끝내고 정년을 맞이한 사람에게 이러한 이야기를 자주 듣습니다.

"약속이 있다는 게 얼마나 행복한지…."

이러한 소리도 자주 듣습니다. "약

속이 없는 건 마치 고문당하는 것처럼 괴롭다"라고 말하는 사람조차 있습니다. 직장을 그만두고 나서야 비로소 회사라는 커뮤니티에 소속되어 있다는 것의 중요성을 깨달았다는 말입니다.

참고로 이러한 고민은 여성한테는 거의 들은 적이 없습니다. 아마 여성은 직장 이외에도 친구나 지역, 취미 커뮤니티에 소속되어 있는 경우가 많아서 일을 그만둔다고 해도 '갈 곳이 없어지는' 경우는 별로 없을 테니까요.

앞에서 나는 '출세 가도를 달리기만 한 사람보다 출세의 길에서 일찌감치 탈락한 사람이 정년 후를 행복하게 보내는 사례가 많다'라고 이야기한 바 있습니다. 아마도 그 원인 중 하나는 커뮤니티라고 생각합니다. 회사로부터 기대를 받지 않아 시간이 생긴 50대는 정년 전부터 외부 커뮤니티를 찾는 사례가 많기 때문입니다. 아울러 묘한 프라이드를 가진 '출세한 사람들'에 비해 그러한 굴레에서 해방된 '출세하지 못한 사람들'이 인간적으로 사랑받고 커뮤니티에 잘 융화되는 측면이 있습니다.

그렇게 생각하면 정년퇴직한 후에 갑자기 '커뮤니티 찾기'를 하기보다, 50대 때 다른 커뮤니티에 속해둘 필요가 있습니다.

'복수'의 커뮤니티에서
캐릭터를 구사하라

커뮤니티도 한 가지만이 아닌 되도록 다섯 군데 이상의 커뮤니티 일원이 되는 것이 이상적입니다. 또 커뮤니티마다 서로 '다른 캐릭터'를 연기하는 것이 중요합니다. 회사라는 커뮤니티에서는 '엄격한 상사'였을지라도 취미인 테니스 동호회에서는 '고분고분하게 잘 따르는 초보자', 지역 커뮤니티에서는 '가벼운 농담을 하는 밝은 사람'처럼 말입니다.

심리학자인 우에키 리에 씨에 의하면 이렇게 복수의 '페르소나'(가면)를 구사하는 것은 마음 건강을 위해서도 필요하다고 합니다.

자, 당신은 지금, 어떤 커뮤니티에 속해 있나요. 한번 세어보세요. 참고로 '회사' 이외의 커뮤니티로는 다음과 같은 것을 생각할 수 있습니다.

- 지역 커뮤니티(반상회, 같은 아파트 단지 내에서의 교류 등)
- 자원봉사 관련
- 스포츠 관련(골프 스쿨, 테니스 스쿨 등)
- 스포츠 클럽

제5장 모든 인간관계를 '이기적으로' 재구축하라

- 취미 동호회 (댄스, 낚시, 음악, 예술 계통 등)
- 배우기
- 학창 시절부터 친하게 지내는 친구
- 예전 직장의 동료나 친구

50대의 마지막 해를 맞이하는 내가 소속되어 있는 커뮤니티를 생각나는 대로 열거해보겠습니다.

- 업무 관련 커뮤니티
- 골프 동호회
- 전 직장인 리쿠르트 모임
- 비즈니스 책 관련 작가와 편집자 모임
- '아침에만 모이는 학교(朝礼だけの学校)' 온라인 커뮤니티
- 본가와 고향 커뮤니티
- 지역 커뮤니티

만일 당신이 속해 있는 커뮤니티가 다섯 군데 미만, 특히 회사밖에 없다면 지금 당장 행동을 개시해야 합니다.

커뮤니티는
'감각'으로 택하면 된다

'50대부터의 커뮤니티 만들기'에서 중요한 것을 한 가지 말하겠습니다. '들어가는 것도 부담 없이, 나오는 것도 부담 없이'라는 것입니다.

　사람과 사람과의 관계이다 보니 어디를 가나 맞는 사람, 안 맞는 사람이 꼭 있습니다. 자신과 맞지 않거나 뭔가 위화감이 느껴진다면 자취를 감추고 연락을 끊어도 괜찮습니다. 위화감을 느끼는 커뮤니티는 결국 오래가지 않습니다. 불편한 인간관계를 질질 끄는 것은 회사만으로 충분하고, 그 회사조차도 50대가 되면 인간관계를 참을 필요가 없습니다.

　커뮤니티는 매달 만남을 갖는 강한 결속력을 가진 것과 일 년에 한 번 만날까 말까 하는 느슨한 것, 둘 다 있으면 좋습니다. 여기에서도 어느 정도는 '자기중심적으로', 정말 마음의 안식처 같은 곳을 찾아야겠지요.

◆ 다시 한번 생각해보기 ◆

60세까지 최소한 다섯 군데 이상의 커뮤니티 주민이
되도록 한다.

02

커뮤니티에서는 '회사에서 통하던 리더십'을 내려놓는다

커뮤니티에 자연스럽게 녹아드는 사람과 그렇지 못한 사람, 그 차이는 '회사라는 굴레에서 벗어났는지 아닌지'이다. 리더십이 있는 사람일수록 고생할 가능성이 있다.

'어느샌가 저절로 생긴' 커뮤니티도 있다

지금까지는 이미 있는 커뮤니티에 이쪽에서 참가한다는 가정하에 이야기를 해왔습니다. 하지만 스스로 커뮤니티를 만들어도 괜찮고, 또 실제로 그런 사람이 많이 있습니다. 또 자기도 모르는 사이에 커뮤니티가 저절로 생긴 사례가 적지 않습니다.

유명 제조회사에 근무했던 D 씨는

테니스 커뮤니티에 들어갔습니다. 그 테니스 커뮤니티가 생긴 계기가 무척 독특했습니다.

D 씨가 거주하고 있는 시에서는 테니스장의 인기가 높아 거의 매번 인터넷 추첨으로 한다고 합니다. 그래서 추첨에 당첨된 사람들끼리 온라인상에서 "같이 칠래요?" 하며 서로 상대를 찾게 되었고 거기에서 자연스럽게 테니스 커뮤니티가 만들어졌다고 합니다. 이런 식으로 커뮤니티가 생기는 것도 좋은 일입니다.

인간관계가 원만한 사람들은
내향적인 사람이 많다?

D 씨는 테니스 커뮤니티뿐 아니라 바둑 커뮤니티에도 가입했습니다. 이렇게만 놓고 보면 매우 사교적인 사람이라고 생각하기 쉽습니다. 하지만 실제로 만나보니 지극히 평범하달까, 오히려 내향적인 성격으로 솔선해서 뭔가를 시작하는 유형의 사람은 결코 아니었습니다.

나는 그런 D 씨의 모습에 '정년퇴직 후에 커뮤니티 활동을 잘하는 비결'이 있다고 생각합니다.

우리는 왠지 모르게 커뮤니티라고 하면 사람을 끄는 힘을 가진 리더가 존재하고, 그 커뮤니티를 운영한다고 생각하기 쉽습니다. 이른바 회원제로 운영하는 '온라인 커뮤니티' 같은 모습을 연상하지요.

하지만 '같은 흥미나 취미로 이어진 집단'이라는 것은 그러한 성질의 것이 아닙니다. '높은 실적을 올리자'든가, '테니스로 전국대회에 나가자' 같은 분명한 목표를 가진 커뮤니티는 많지 않고(없지는 않습니다) '즐길 수 있으면 좋다'고 생각하는 사람이 대부분입니다. 오히려 '나서기 좋아하고 오지랖 넓은 사람'이 있는 것을 탐탁지 않게 생각하는 사람이 많습니다.

'느슨한 커뮤니티 감각'에
익숙해지자

'회사 인생의 상식에서 벗어나지 못하는 사람'이 범하기 쉬운 실수는 괜히 쓸데없는 리더십을 발휘하거나 '그 커뮤니티에서 1등이 되고 싶다'며 승부욕을 발동시키는 것입니다.

여러 번 말했듯이, 출세 가도를 질주한 사람일수록 이러한 함정에 빠지기 쉽습니다. 그리고 어느새인가 주위로부터 소외당하고 커뮤니티에서 쫓겨나기도 합니다.

이러한 '느슨한 커뮤니티 감각'을 부디 50대부터 길러두기 바랍니다. 스스로 '출세 가도를 질주하고 있다'고 느끼는 사람도 꼭 그것과는 별도의 페르소나를 가지기 위해 50대에 뭔가 '취미나 흥미로 연결된 커뮤니티'에 가입하세요.

오로지 '승패'에만 연연하는 것이 회사 인생입니다. 따라서 전혀 '승패'에 연연하지 않는 또 하나의 세계를 갖는 것, 그것이 혹독한 경쟁 사회를 꿋꿋이 살아가기 위한 버팀목이 되어줄지도 모릅니다.

◗ **다시 한번 생각해보기** ◖

리더십도, 승부욕도 잊는 것이 커뮤니티에 융화되는
첫걸음이다.

03

굳이 '낯설고 이질적인 곳,'으로 뛰어든다

'몸과 마음이 편안한 곳'은 당연히 중요하다. 하지만 굳이 '이질적인 곳으로 뛰어들면' 지금까지 보이지 않았던 세계가 보이기 시작할지도 모른다.

마음이 편안한 곳에 안주하다 보면 '선도가 떨어진다'

살아 있는 정어리를 운반할 때 수조 안에 천적인 꼬치고기를 같이 넣으면 정어리들이 꼬치고기를 피하느라 움직임이 빨라져 정어리의 선도를 유지할 수 있다고 합니다. 꼬치고기가 아니라 메기라고 하는 속설도 있지만, 어쨌든 간에 '이질적인 것'이 들어가면 긴장감이 고조된다는 말이겠지요.

173

이는 기업 조직에도 해당합니다. 동질적인 팀 안에 이질적인 인재를 한 명 투입하면 그 팀에 긴장감이 생겨납니다. 이는 팀 빌딩(team building) 프로그램에서 자주 사용하는 수법입니다.

한편, 항상 똑같은 멤버와 어울리고 동질적인 팀 안에 있으면 마음은 편할지라도 자극이 없어지고 긴장감도 사라져버립니다. 그러면 인간으로서의 선도가 떨어지는 것입니다.

미국에서 낯선 이방인이 된 느낌을
강렬하게 맛보았다

50대의 커뮤니티에 관해서는 되도록 마음이 편안한 곳에 가입해야 한다는 말을 했습니다. 하지만 다섯 군데 중 하나 정도는 '완전히 낯설고 이질적인' 곳에 가입해보기를 권하고 싶습니다. 그렇게 하면 본인의 선도를 높일 수 있으니까요.

나도 낯선 이방인이 된 듯한 느낌을 강렬하게 맛본 경험이 있습니다. 30대에 자비로 미국에 유학 가서 MBA 과정을 이수했을 때의 일입니다. 당시 일본은 거품 경제 절정기, 'Japan as number one'의 시대였습니다. 하지만 한편에서는 '과로사' 같은 말이 세상에 알려져

'경제적 동물(economic animal)'이라는 비아냥을 듣기도 했습니다. 일본인은 오로지 경제적인 이익만을 추구한다는 것이었지요.

유학 시절에 어느 독일인 유학생으로부터 "일본인은 왜 그토록 긴 시간을 일하는가, 또 무엇을 위해 사는가"라는 질문을 받았습니다. 나는 자신 있게 "그것이 오늘날 일본이 번영하게 된 이유다"라고 대답했지요. 그 유학생은 납득이 잘 안 가는지 고개를 갸웃했습니다. 그뿐 아니라, 일본인을 제외한 거의 모든 사람이 '이해할 수 없다'는 얼굴을 했습니다. 나 또한 "24시간 싸울 수 있습니까!"(일본 거품 경제기(1988년)에 유행한 건강 음료의 광고 문구)의 세계에서 살아온 사람이었기에 이때 느낀 낯설고 이질적인 느낌은 강렬했습니다. 이것은 '어쩌면 일본인의 일하는 방식이 잘못됐을지 모른다'고 하는 의문을 가진 계기가 되었습니다.

결과는 아시다시피입니다. 일본은 거품 경제 붕괴와 더불어 쇠락해가고, 장시간 노동은 불필요한 정도가 아니라 '생산성을 떨어뜨리는 근원'으로 부정되고 있습니다. 한편 독일 기업은 일본보다 훨씬 높은 생산성을 유지하고 있습니다.

우물 안의 개구리처럼 만약 일본에만 있었다면 이러한 것을 전혀 눈치채지 못했을 것입니다. 지금 생각하면 학교에서 배운 내용보다 이러한 경험을 할 수 있었던 것이 유학을 가서 MBA를 공부한 의미일지도 모른다는 생각마저 듭니다.

어쩌면 이질감을
느끼지 않을지도 모른다

커뮤니티에서 이질감을 느끼는 강도는 저마다 다릅니다. 이를테면 일벌레처럼 오로지 일만 하며 살아온 남성이 50대가 되어 피아노 교실에 다니거나 잠시 직장을 떠난 여성이 굳게 결심하고 '수준 높은 연구 모임'에 참가해 보는 것이 있습니다. 자원봉사 활동이나 학부모회에 참가해 보는 것도 좋습니다.

다만 우리의 선입견은 때때로 믿을 것이 못 됩니다. "이질감을 느끼리라 생각하고 들어갔는데 굉장히 자신과 잘 맞았다"고 하는 사례가 종종 있다는 말을 마지막으로 덧붙이겠습니다.

◆ 다시 한번 생각해보기

예전의 나라면 절대로 가입하지 않았을 커뮤니티에
들어가 본다.

'고독을 즐기는 법'을 연구해둔다

50세를 넘어 '고독'이라는 단어가 가슴에 와닿는 사람이 많다. 언젠가 찾아올 고독과 어떻게 마주하면 좋을까? 이를 위해 50대에 꼭 해야 할 일은 무엇일까?

'고독 붐'이 일어난 이유는?

요즘 '고독'을 주제로 한 책과 잡지 출간 붐이 일고 있습니다. '일인', '혼자서' 같은 단어가 들어간 책이 속속 출간되고 있고, 〈프레지던트〉같은 경제 주간지에서도 '고독'에 관한 특집을 편성하고 있습니다.

이유는 말할 것도 없겠지요. 미혼율과 이혼율이 높은 요즘, 노후를 혼자서 맞이하는 사람도 늘고 있습니다. 자녀가 있어도 결국에는 부모 품을 떠나기 마련이고 마지막에는 부부 둘이서, 그리고 혼자가 됩니다.

소설가이자 승려인 세토우치 자쿠초 씨가 말했듯이 "사람은 태어날 때도 혼자이고 죽을 때도 혼자"인 것입니다.

지금은 '인간관계가 번거롭다'고
생각할지라도

번거로운 인간관계가 싫어서 '정년 후에는 혼자 여유롭게 지내고 싶다'고 하는 사람이 있습니다. 가족 문제로 시간을 빼앗겨서 '정년 후에라도 자신만의 시간을 갖고 싶다'고 원하는 사람이 많겠지요.

하지만 정년 후의 시간은 생각한 것보다 훨씬 깁니다. 더욱이 지금은 번거롭다고 생각하는 회사 내 인간관계도 막상 없어지고 나면 '그때가 활기차고 좋았다'라고 생각하기도 합니다.

정년퇴직하면 이제 직장도 동료도 없습니다. 갑자기 조직 구성원에서 '개인'으로 돌아옵니다. 물론 뭔가 커뮤니티에 참가하여 '고독하지 않은 정년 후'를 만드는 것이 중요하지만 아무리 많은 커뮤니티에 들어가더라도 '혼자 있는 자투리 시간'은 생깁니다.

따라서 50대부터는 모쪼록 '고독을 즐기는 습관'을 기르기 바랍니다.

'혼자 있는 시간을 즐기기' 위해
해두고 싶은 것

가장 알기 쉬운 방법은 '혼자 하는 취미를 늘리는' 것입니다. 가능하다면 몰두할 가치가 있는 취미로 말이지요.

중남미 문학을 사랑하는 Y 씨는 50대부터 스페인어 공부를 본격적으로 시작하여 가르시아 마르케스(노벨 문학상을 수상한 콜롬비아 소설가이며, 대표작으로 《백 년 동안의 고독》이 있음)의 두꺼운 원서를 조금씩 읽어가는 것을 취미로 하고 있습니다. "죽을 때까지 한 권 다 읽을 수 있을지 모르겠다"라며 엄살을 부리지만 이렇게 진입장벽이 높은 것이 몰입감을 얻을 수 있을지도 모릅니다.

'고독한 자신에게 익숙해질 것'을 권합니다.

공인회계사인 F 씨는 50대 때 마음을 단단히 먹고 선사에서 2개월 동안 수행을 했다고 합니다. 주위에 다른 승려가 있지만, 절에서의 수행은 기본적으로 자신과 일대일로 마주하는 것입니다. 이것으로 F 씨는 심신을 재충전하는 시간을 갖고 '혼자 있는 시간의 가치'를 다시금 깨달았다고 합니다.

회사원이 몇 개월 단위의 휴가를 얻기는 힘들 테지만 며칠 단위로 체험을 받는 곳이 있으니 흥미가 있는 분은 찾아보세요.

마지막으로 어느 대학교수에게 배운, 고독을 즐기는 비장의 '숨은 비법'을 소개하겠습니다. 바로 '망상'입니다. 어릴 때처럼 자유롭게 상상의 나래를 펴고 망상에 빠지는, 혼자서 몇 시간도 거뜬히 즐길 수 있습니다.

확실히 우리도 어렸을 때는 망상의 세계에 몇 시간이고 푹 빠져서 놀 수 있었습니다. 그 시절을 떠올려서 때로는 상상의 나래를 펼치는 것도 좋지 않을까요.

◗ **다시 한번 생각해보기** ◖

50대부터는 '고독한 자신'에게 익숙해져야 한다. 이를 위해 고독을 즐길 수 있는 나만의 습관을 기른다.

05

결국 '재미있는 일'을 하는 사람 주변에 사람이 모여든다

자신이 하고 싶은 일을 하면 다른 사람이 '재미있어하며' 다가온다. 이것이야말로 최강의 커뮤니티가 아닐까?

왠지 사람들이 주위에 모여드는 사람의 특징은?

돈이 있는 것도 아니고 지위가 높은 것도 아닌데 '왠지 항상 주위에 사람들이 모여드는 사람'이 있습니다. 그러한 사람을 관찰해보면 어떤 공통점이 보입니다. '자신이 재미있다고 생각하는 일을 재미있어하며 하는 사람'입니다.

그런 사람 주위에는 자연스레 사람들이 모여들어 어느 결엔가 커뮤니티가 형성되는, 그런 이미지입니다.

이러한 경향은 모든 곳으로 확산하고 있다는 느낌이 듭니다. 이를테면, 요즘에는 보편화한 '크라우드 펀딩'에 투자하는 사람에게는 '사회적으로 의의가 있는 일에 참여하고 싶다'는 욕구와 더불어 '재미있는 일을 하는 사람과 교류하고 싶다'는 욕구가 있는 듯합니다.

어쩌면 '재미있는 일에 참여하고 싶다'는 생각은 인간의 근원적인 욕구가 아닐까요.

'암흑 소개팅'에 모여든 사람들

사람과 사람이 관계를 맺는 데는 여러 가지 이유가 있습니다. 현역일 때는 '업무와 상관있는 사람이니까', '업무에 도움이 될 테니까', '언제나 새로운 정보를 가르쳐주니까' 등과 같은 이유를 떠올려보면 이해하기 쉬울 것입니다. 그래도 결국, 가장 공고한 관계는 '재미있는 일로 맺어진 사람들'이 아닐까, 하고 이 나이가 되고서야 절실히 생각합니다.

그 원체험이 된 일이 있습니다. 바로 '암흑 소개팅'입니다.

어느 독신 여성 경영자로부터 "어디 좋은 사람 없나요?" 하는 말을 들은 것을 계기로, 나의 멘토인 후지하라 가즈히로 씨에게 의논했더니 어쩌다 "50대50으로 암흑 소개팅 파티를 열자"는 이야기로 발전했습니다.

암흑 소개팅은 말 그대로 칠흑 같은 어둠 속에서 소개팅 파티를 여는 것입니다. 당시 아오야마에 '어둠 속의 대화(Dialogue In The Dark)'라는, 완전히 빛을 차단한 '순도 100%의 암흑'을 체험할 수 있는 시설이 있어서 그곳을 회장으로 했습니다.

소개팅 파티인데 상대방의 얼굴도 보이지 않는다는, 참으로 기묘한 프로젝트였습니다. 게다가 이 프로젝트를 위해 대략 3개월가량의 시간을 쓰는 바람에 나는 그사이 본업에 전혀 손을 댈 수가 없었지요.

그래도 '하기를 잘했다'고 생각하는 것은 이 기획을 재미있어하는 사람들과 커뮤니티가 생겨났기 때문입니다. 평상시 업무 관계로는 전혀 만날 수 없는 사람들 즉 뮤지션, 점술가, 의사, 외교관, 모 저명 기업의 경영자 같은 사람들과 인연이 생겼습니다.

더욱이 이 사람들은 '똑같은 것을 재미있어하는 사람들'이므로 말하자면 감성이 비슷합니다. 그래서 무엇을 해도 흥이 나고 신나는 더없이 귀중한 인맥, 아니 '친구'가 되었지요.

'좀 바보스럽지만 재미있는 일'을 표출하자

직장인은 오랜 회사 인생 중에서 '자신이 재미있다고 생각하는 일'을 꾹꾹 참으며 살아왔다고 생각합니다. 하지만 50대가 되면 일부러라도 '좀 바보스러울지 모르지만 재미있어 보이는 일'을 실컷 표출해보면 어떨까요.

'암흑 소개팅'처럼 거기에 살짝 '광기'가 들어 있으면 훨씬 많은 사람이 재미있어할 것입니다. 또 거기에 참가해주는 사람이 있다면 평생 친구가 될지도 모릅니다.

결국, 사람은 나이가 몇 살이든 '재미있는 일'을 좋아합니다. 재미있어 보이는 사람과 친해지든, 스스로 재미있어 보이는 일을 소개하든, 둘 다 좋습니다. 50세를 넘기면 부디 자기 안의 '재미'를 상기해보세요.

50대가 되면 '진심으로 재미있다고 생각하는 일'을
계속해서 표출한다.

06

'젊은 사람'과의 인간관계를 구축한다

'상사나 윗사람은 높은 사람이다'라고 오랫동안 머릿속에 주입돼온 서열은 50대가 되면 별로 의미를 지니지 않는다. 차라리 젊은 사람과 교류할 기회를 적극적으로 찾자.

코로나 19로 발휘된 '젊은 사람과 교류하는 의미'

이 책의 연작에 해당하는 《잘나가는 40대는 '이것'만 한다》라는 책에 나는 '40대는 윗사람보다 젊은 사람과의 인간관계를 소중히 하라'고 썼습니다.

40대에게 윗사람은 조만간 떠나갈 사람들이지만 젊은 사람은 자신이 정년을 맞이할 때까지 쭉 함께할 사람들로, 남은 직장인 인생에서 어느 쪽을 소중히 해야 할지는 불 보듯 뻔하다는 이야기였습니다.

50대 또한 이와 똑같은 말을 할 수 있습니다. 또 한 가지 덧붙이자면 젊은 사람과 친하게 지내면 좋은 중요한 이유가 있습니다. 바로 '젊은 사람에게 새로운 것을 배울 수 있다'는 사실입니다.

나는 이번 코로나 19로 그 중요성을 절절히 통감했습니다.

이제는 'Zoom', 'Teams', 'Google Meet' 등의 화상회의 프로그램을 자유자재로 구사하고 온라인 연수도 내 전문 영역이지만 코로나 팬데믹 직전에는 부끄럽게도 'Zoom' 이름조차 알지 못했고 당연히 사용한 적도 없었지요.

그러던 와중에 코로나 19로 최초의 긴급사태선언이 나온 직후, 나보다 스무 살이나 어린 직장 동료가 'Zoom'으로 하는 온라인 연구 모임을 열어주었습니다. 덕분에 나는 시류에 뒤떨어지지 않고 다음 달부터는 모든 연수를 온라인으로 할 수 있었습니다.

근래 영업 세계에서는 MA(Marketing Automation, 마케팅 자동화) 등, 디지털 전환이 잇달아 일어나고 있습니다. 이것 또한 젊은 사람들에게 은밀히 가르침을 청하여 따라갈 수 있었지요. 물론 인터넷으로 찾아보면 그 단어의 의미 정도는 알 수 있습니다. 하지만 실제로 활용사례를 보거나 의문점을 그 자리에서 해소할 수 있다는 점에서 이해도의 차이는 매우 큽니다.

나는 젊은 친구들에게 UX(User Experience: 사용자 경험)가 얼마나 중요한지, MA 툴은 어느 것이 좋은지 등, 다양한 것을 배웠습니다.

디지털화의 흐름은 결코 멈추지 않는다

연수를 온라인으로 전환한 후에 수강자의 설문 조사 평가는 오히려 실제 대면으로 했을 때보다 높아졌습니다. '지금까지 난 뭘 하고 있었던 걸까' 하고 그 순간 맥이 빠져버렸습니다. 정말이지 시대의 변화를 피부로 느낄 수 있었습니다.

시대가 이럴진대 아직도 "직접 방문하지 않으면 안 돼!"라고 주장하는 50대 영업 관리직이 있습니다. 그런 사람은 온라인으로 비즈니스 상담을 해본 적이 없는 경우가 많습니다. 실제로 해보면 굉장히 편리하고 직접 대면으로 할 때보다 뛰어난 점이 많이 있다고 느낍니다.

물론 실제로 직접 만나서 하는 영업의 중요성이 아예 사라지지는 않습니다. 다만 어느 부분은 분명히 온라인으로 바뀌어 갈 것입니다.

시대의 흐름에 맞춰 자신의 지식이나 스킬을 업데이트하기 위해서라도 젊은 사람들에게 디지털 스킬을 배울 수 있는 수평적인 인간관계를 구축해두기 바랍니다.

여기에서도 효과를 발휘하는 것은 '커뮤니티'입니다. 특히 취미 생활 커뮤니티에는 폭넓은 연령층의 사람이 모이기 때문에 젊은 사람과 관계를 만들 절호의 기회가 됩니다.

또 이러한 커뮤니티나 강좌에서는 젊은 사람이 강사가 될 기회가 많습니다. 여기에서 '젊은 사람한테 배우는' 것에 적응해두는 것이 중요합니다. 정년 후에 벤처기업에 재취업한다면 상사는 틀림없이 나이가 어릴 테니까요. 지금부터 그러한 상황에 적응해두면 정년 후를 위한 사전준비가 됩니다.

'상사나 선배는 후배나 부하보다 뭐든 잘 알고 있어야 한다'는 묘한 자존심이 있으면 나이 어린 사람에게 뭔가를 배우기 힘들어집니다. 괜한 자존심을 내려놓는 것이 중요하며, 또 그래야 젊은 사람한테도 '유연한 사람'이라 평가받습니다.

항상 따끈따끈한 새로운 정보를 손에 넣기 위해서라
도 젊은 사람과 적극적으로 교류한다.

07

세무사·변호사와의 관계를 만들어둔다

50대 이후의 인생은 예기치 않은 문제나 마음이 심란해지는 일이 뜻밖에도 많다. 마음의 평온을 유지하기 위해 전문가와 관계를 만들어두자.

'상속'은
누구나 피할 수 없다

다소 핵심만 콕 집은 조언이 되겠습니다. 50대에 꼭 관계를 만들어둘 사람으로 '세무사'와 '변호사'가 있습니다.

늘 다니는 동네 단골 의사가 있듯이, 일단 유사시에 세무사와 변호사에게 의뢰할 수 있도록 해두자는 것입니다. 왜냐면 지금까지의 인생과 달리 50대 이후는 '무슨 일이 있을 때'가 생기기 쉽기 때문입니다.

이를테면, 부모님의 죽음에 따른 상속이 그것입니다. 2015년 1월 1일 이후, 일본에서는 법 개정으로 상속세 대상자가 큰 폭으로 확대되었습니다. 기초공제가 축소되어 대도시권에 집을 소유한 보통 사람들도 과세대상이 될 가능성이 대두되었습니다. 신고 자체는 스스로 할 수 있지만, 상속에 대해 잘 알고 있는 세무사에게 도움을 청하는 것이 수수료를 내더라도 상속 자체에 드는 비용을 낮출 수 있는 방법입니다.

상속세에 관한 사례는 아니지만, 공인회계사인 친구는 그해의 소득세 3,000만 원을 확정신고해서 0원으로 했다고 합니다. 당연히 탈세도 또 탈법행위도 아닙니다. 투자용 부동산에 소요한 경비와 손익통산을 한 결과입니다.

세금을 깎는 방법은 여러 가지 있습니다. 막상 무슨 일이 생겼을 때 이와 같은 상담을 할 수 있는 상대가 있는지 없는지가 매우 중요합니다.

변호사에게
'상담하는' 경험을 미리 해둔다

변호사도 마찬가지입니다. 변호사에게 신세 지는 일은 무조건 '없는 편이 좋다'라고 말하지만, 인생을 오래 살다 보면 별의 별일이 일어납니다.

이혼, 가까운 이웃과의 마찰, 직장에서의 노동 문제 등등 전문지식과 경험이 없으면 어찌해야 좋을지 몰라 결국에는 울며 겨자 먹기로 단념해버립니다. 이러한 사례가 너무나 많습니다. 그럴 때 전문적인 조언을 받을 수 있는 것만으로도 마음의 평온을 되찾을 수 있습니다.

'아니, 문턱이 높아서…'라고 생각할지도 모릅니다. 그것은 기업이나 단체 같은 '고문 변호사'를 떠올려서이고, 고문 계약이 없더라도 대부분 변호사 사무소에는 '법률상담'이 있습니다.

상담료는 보통 한 시간에 10만 원 정도입니다. 변호사회나 행정, 각종 단체가 '무료 법률상담'을 실시하고 있으므로 그러한 기회를 이용하는 방법도 있습니다.

한번 시험 삼아서 그러한 기회를 이용해보면 '변호사에게 상담하는 것이 어떤 것인지'를 알 수 있고 또 그것만으로도 안정감을 줍니다.

그렇다면,
어디서 찾으면 좋을까?

세무사나 변호사와 관계를 어떻게 만들면 좋을지가 문제인데, 기본적으로는 치과 의사를 찾는 것과 마찬가지입니다. 바로 입소문입니다.

세무사에 관해서는 주변에 상속세를 내본 경험자, 경영자, 자영업자로부터 소개를 받으면 가장 신뢰할 수 있습니다. 변호사도 마찬가지입니다. 우선은 당신의 친구든 지인이든 누구든 상관없습니다. 물어보면 됩니다.

물론 그러한 사람이 주위에 전혀 없는 사람도 있겠지요. 다만 그렇다고 해서 손 놓고 있지 말고 일단 이러한 사람들과 만나보면 어떨까요. 그러면서 '좋고 나쁨을 간파하는 눈'을 단련할 수 있을 것입니다.

제5장 모든 인간관계를 '이기적으로' 재구축하라

이것도 50대 때, 요컨대 회사에 다니고 있는 동안이라면 이러한 사람들과 만나는 기회를 다양하게 만들 수 있겠지요. 회사원의 특권을 발휘합시다.

● 다시 한번 생각해보기 ●

단골병원의 의사를 만나듯, 세무사와 변호사를 이용
할 수 있도록 한다.

08

가족 앞에서 적극적으로 '직장 이야기'를 한다

50대가 되면 좋든 나쁘든 가족과의 관계는 고정화되어 간다. 정년 후를 생각하면 여기서 좀 더 좋은 관계로 만들어야 한다.

네 명 중 한 명은 '가족 간의 의사소통' 문제로 고민하고 있다

요전에 어느 잡지의 특집으로 40대, 50대의 남성 회사원 500명의 설문 조사 결과에 관한 감상을 부탁받았습니다.

이 조사에 따르면 "가정에서 가장 괴로운 일은 무엇입니까?"라는 물음에 24.8%의 사람이 "아내와 자녀한테 무시당한다"라고 대답했고, 24.0%의 사람은 "아내나 자녀와 의

사소통이 안 된다"라고 답했습니다. 복수답안이 있었지만 실로 네 명 중 한 명은 이러한 상황에 놓인 셈입니다. 이는 상당히 뿌리 깊은 문제라고 생각합니다.

50대에 퇴직하여 일선에서 물러나면 당연히 집에 있는 시간이 길어집니다. 그때 집이 불편한 장소가 되면 스트레스가 최고조에 달할 것입니다.

이번 코로나 팬데믹으로 재택근무가 늘어난 것으로도 이와 같은 소리를 들었습니다. 심지어 '코로나 이혼'이라는 말이 생겨날 정도입니다. 하지만 정년 후는 그것과는 비교가 안 될 정도의 시간을 집에서 보내게 됩니다.

50대에 인간관계를 재검토하는 것은 가족 간에도 중요합니다. 여기서는 그 힌트가 되는 사례를 전하려고 합니다.

가족도
'계기'를 원하고 있다

유명 제조회사에서 엔지니어로 근무하던 W 씨는 딸과 거의 말을 섞지 않다시피하고 살았다고 합니다. 서로를 무시했다고나 할까요. 그러던 어느 날, 자택에서 핸드폰으로 거래처로부터 긴급 연락을 받았습니다. 외국 기업으로부터 받은 연락으로 그 대응도 영어였습니다.

우연히 통화하는 소리를 듣고 있던 딸이 다음 날 "여기 이 부분 해석 좀 도와줘?" 하며 영어 프린트물을 들고 와서 말을 걸었다고 합니다. 이후에 조금씩 대화를 하게 되었고 적어도 이전처럼 '무시'와 같은 상황은 없어졌다고 합니다.

이 이야기로 미루어 짐작해보건대, 딸도 아빠를 의도적으로 무시한 것이 아니라 그저 말할 화제나 의지할 만한 일이 없어서 그랬던 것은 아닐까요. 대화를 나눌 계기가 생긴 덕에 조금씩이라도 의사소통을 회복한 것이겠지요.

그렇게 생각하면 어쩌면 가족에게 벽을 만든 것은 다름 아닌 자신이고, 가족 또한 그 벽을 허물 수 있는 '계기'를 원하고 있을지도 모릅니다.

제5장 모든 인간관계를 '이기적으로' 재구축하라

'실패담을 말하는' 것은
가족에게도 유효하다

자영업자와 달리 대개 회사원은 기본적으로 가족에게 일하는 모습을 보여주지 못합니다. 그래서 가족과 벽을 만들게 되는 것일지도 모르지요.

집에서 좀 더 부부끼리나 부모와 자식 간에 본인이 하는 일에 대해 말할 기회를 만드는 것은 어떨까요. 상대방에 관해 잘 알면 알수록 친근감이 생기는 것은 가족 간에도 마찬가지입니다. 코로나 19로 인한 재택근무의 증가는 그 절호의 기회가 될 수 있습니다(실제로는 온종일 집에만 있어서 가족의 사이가 나빠졌다는 이야기도 들립니다).

제3장에서 '자신의 실패담을 말할 수 있는 것'의 중요성에 관해 이야기했습니다. 이것은 가족 간에도 유효하다고 생각합니다. 현재의 자신, 또는 어릴 때 자신이 어떤 것을 생각했고, 어떤 고민을 했는지, 또 무엇을 실패했는지, 자기 자신이 느끼고 경험했던 일을 말하면 자녀와 공감대가 형성되고 더불어 똑같이 진로나 인간관계로 힘들어하는 자녀에게 그것이 한 줄기 빛이 되기도 합니다.

남성의 경우는 집에서 회사 일이나 실패담을 말하는 데 저항감을 가질지도 모릅니다. 사실 8~90년대만 해도 '집에서는 회사 이야기를 하지 않는 것이 좋다'고 여기는 문화가 있었습니다. 하지만 지금은 21세기입니다. 그런 구닥다리 생각은 잊어버립시다.

◀ 다시 한번 생각해보기 ▶

가족과 관계를 한 걸음 더 나아가기 위해, 집에서도
좀 더 자신의 직장과 업무에 관해 이야기한다.

'희생자가 생기지 않는 부모님의 병간호'를 위해 이것만큼은 말해두고 싶다

지금까지는 남의 일이라 생각했던 '간병'이 가시화되는 시기가 50대. 이때 꼭 알아둘 것이 '간병은 혼자서 감당하려고 하지 말자'라는 사고방식이다.

간병의 비결은 오직 하나, '남에게 의지하는' 것

이전에 술 마시는 자리에서이긴 하지만 배우자의 부모님 간병 문제로 힘들어하는 사람으로부터 "선생님은 일찍 부모님이 돌아가셔서 좋겠어요." 하는 말을 들은 적이 있습니다. 뭐라 말할 수 없는 복잡한 기분이 들었습니다. 그만큼 간병이라는 것은 자식에게 부담을 주는 것이라고 받아들이고 넘어갔습니다.

실제로 간병으로 힘들어하는 사람이 많습니다. 특히 50대는 '부모님의 간병'이 현실적으로 시야에 들어오는 나이입니다. 나는 그간 부모님의 간병과 일을 양립하고 있는 사람을 숱하게 봐왔습니다. 그러한 경험에서 간병할 때 '이것만'은 꼭 해야 할 것을 전하려고 합니다.

부디 '간병은 혼자서 감당하려 하지 말자'라는 것입니다. 바꿔 말하면 '남을 의지해라'가 됩니다.

지금도 "부모님의 간병은 자식이 해야 한다", "남이나 시설에 맡기는 것은 양심에 찔린다"고 해서 가족 내에서만 간병을 하려는 사람이 꽤 많습니다. 그것은 가장 안 좋은 사례입니다. 간병에 지친 나머지 부모에게 증오심을 품는 일조차 있습니다.

공공기관과 민간 서비스를 충분히 이용하고, 전문 간병인이나 요양보호사들의 힘을 충분히 빌립시다. 간병과 일을 병행하는 사람들에게 물으면 모두 하나같이 이것만이 간병할 때 가장 중요하다고 단언합니다.

이전과 크게 달라진
요양 보호 시설

50대 중반에 부모님 간병을 시작한 S 씨에게 들은 이야기입니다. 최근의 요양 보호 시설은 놀라울 정도로 진화하고 있고 이전의 상식과는 180도 다르다고 합니다.

S 씨는 부모님과 함께 시설 몇 군데를 견학하러 갔다고 합니다. 장기 한판 두면서 마치 단체 미팅이라도 하는 듯한 화기애애한 분위기가 물씬 풍기는 시설도 있고, 스포츠 클럽을 연상시킬 정도로 운동 설비가 제대로 갖춰진 시설 등, 다양한 개성을 가진 시설이 있다고 합니다.

주간 돌봄 서비스도 '노인 유치원' 같은 이미지는 옛날 이야기로, 최근까지 엄마의 간병을 계속해온 어느 지인은 "요즘 주간 돌봄 서비스는 굉장해요. 처음에는 머뭇거리던 우리 엄마가 지금은 즐거워하며 센터에 가는 걸 기다리고 있을 정도예요"라고 말합니다.

부모도 참지 않고
자식도 참지 않아야

'참지 않는 것'이 중요한 것은 부모도 마찬가지입니다. 요즘엔 '폭주 노인'으로 불리는 것을 싫어하고, 지나칠 정도로 '세상에 민폐를 끼치고 싶지 않다'고 생각하는 고령자가 많은 느낌이 듭니다. 물론 일부 민폐를 끼치는 사람이 있는 것은 사실이지만, 지나친 참을성은 결국 누구한테도 도움이 안 됩니다.

앞서 말한 S 씨의 부모님은 직원들의 반말 비슷한 말투가 마음에 들지 않는다는 이유로 시설을 옮기거나 "지나치게 가르치려 드는 노인이 잘난 체하는 것이 싫다"라며 주간 돌봄 서비스를 이용하는 요일을 변경했다고 합니다. 잘한 일이라 생각합니다.

간병하는 사람이 '참지 않는' 것은 간병을 받는 사람에게 '참지 않아도 된다'고 하는 생각을 품게 합니다.

간병하는 사람이나 간병을 받는 사람 모두 스트레스 없이 지낼 수 있도록 아무도 참거나 하지 말고 임기응변으로 대응해가는 것이, 희생자를 내지 않는 '21세기 간병'의 이상적인 모습일지도 모릅니다.

부모님 간병을 할 때, 의지할 수 있는 것은 전부 의지
하는 것이 좋다.

50대에 하는 10가지 후회란?

후회하는 일을 순위로 매겨보니…

'50대를 후회하는 사람이 많이 있다'고 이야기했습니다. 구체적으로 어떤 후회를 하고 있을까요.

다음은 예전에 《50대, 후회하지 않고 일하는 법》이라는 책을 출간했을 때, 50대 이후 분들에게 물은 '50대에 후회하는 일'을 집약해서 순위를 매긴 것입니다.

| 1위 | 정년 후의 인생 설계를 해놓아야 했다

| 2위 | 일하는 동기부여가 전혀 생기지 않았다

| 3위 | 조직의 이름이 아닌 아이덴티티(정체성)를 확립하지 못했다

| 4위 | 새로운 취미가 '심심풀이'용이 되었다

| 5위 | '입으로만 일하는 아저씨, 아줌마'가 되었다

| 6위 | '머리 좀 식히고 나서 생각하겠습니다'라는 '사고정지병(思考停止病)'
에 걸렸다

| 7위 | 퇴직금과 연금이 너무 쥐꼬리만큼이라 풀이 죽어버렸다
| 8위 | 낮은 재고용 조건에 만족했다
| 9위 | '하고 싶은 일'과 '하고 싶지 않은 일'의 균형을 생각하지 않았다
| 10위 | 자신의 가능성을 과소평가했다

지금까지 언급한 내용은 대개 이런 '후회'를 하지 않으려면 필요하다는 것을 알 수 있습니다.

여기에 조금 보태자면, 4위인 '새로운 취미가 심심풀이용이 되었다'라는 것은, '처음부터 심심풀이 정도로 생각했기 때문에 실제로 심심풀이용으로만 된 것'입니다. 즉, 50대 때 '진짜 흥미로운 일'을 찾아내야 한다는 말입니다.

10위인 '자신의 가능성을 과소평가했다'라는 것은 직장인으로서의 한계를 멋대로 가망이 없다고 단념해버려서 원래라면 50대에 할 수 있었던 인맥 만들기나 자기 계발의 기회를 살리지 못했다는 뼈저린 후회입니다.

결국, '시간'을 만드는 것이 모든 것의 출발점이 된다

한 가지 더 숫자를 말하겠습니다.

다음 그림은 월간 〈THE21〉이 2020년 5월에 행한 설문 조사 결과로, 50대 이상의 사람에게 "일 이외에 '50대가 되기 전에 해두면 좋았을 텐데' 하고 생각하는 것은 무엇입니까?"라고 질문한 것입니다. '50대를 후회하지 않기' 위한 선배들의 조언이라는 점에서 주목할 만합니다.

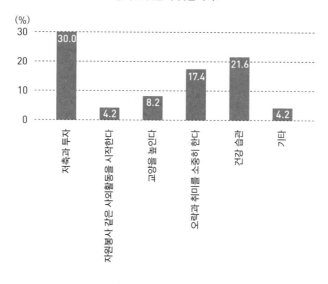

50대 이상의 분들에게 질문합니다

일 이외에 '50대에 접어들기 전에 해두면 좋았다'라고
생각한 것은 무엇입니까?

자료 출처: 〈THE21〉 2020년 5월호

이 조사에 따르면, '저축과 투자'라는 대답이 30%로 가장 높고, 이어서 '건강 습관'이 21.6%, '오락이나 취미를 소중히 하자'가 17.4%입니다.

이 책에서는 돈에 관해서는 별로 언급하지 않았습니다. 그것만으로도 족히 책 한 권 분량이 필요하기에 어설프게 언급하기가 싫었습니다. 다만, 모든 대답에 해당하는 말이지만 결국은 전부 다 '시간이 필요한 일'임에는 틀림없습니다. 50대에는 '일에만 몰두하는 생활'을 바꾸고 돈이든 건강이든 자신이 정말로 필요한 일에 시간을 투자하는 것이 중요하다고 말할 수 있겠지요.

제 6 장

50대에 '평생 공부하는
자신'을 만들어 놓는다

01

50대부터 '이것만'은 배워두자

정년 후를 풍요롭게 보내려면 '공부'를 빼놓을 수 없다. 그것을 알고 있으면서도 완전히 '공부하는 습관'을 잃어버린 사람도 있을 것이다.

공부하지 않는 사람은 한순간에 늙는다?

50대나 60대에 대학이나 대학원에 다시 들어가서 공부하는 사람이 늘고 있다고 합니다. 이것은 매우 좋은 일이라고 생각합니다.

"계속 배우는 사람은 언제나 젊다(Anyone who keeps learning stays young)", 헨리 포드의 명언입니다. 반대로 공부하는 것을 잊어버린 사람은

제6장 50대에 '평생 공부하는 자신'을 만들어 놓는다

급속하게 늙어가는 것 같습니다. 젊음을 유지하기 위해서도 50대에 모쪼록 '공부하는 습관'을 들여놓기 바랍니다.

배우는 스타일도 다양해졌습니다. 학교와 학원에 다니는 것도 하나의 방법이고, 온라인에서 다양한 것을 배울 수 있는 시대이기도 합니다.

한 가지 사례를 들면, 나의 멘토인 후지하라 가즈히로 씨가 주최하는 온라인 커뮤니티 '아침에만 모이는 학교(朝礼だけの学校)'라는 것이 있습니다.

'당신만의 1만 시간에 몰두하는 무대'를 콘셉트로 인생 후반전을 위해 필요한 다양한 것을 온라인상에서 배우는 것입니다. 나도 참가하고 있는데, 이 자리에 모여든 50대가 넘은 사람들의 향학열은 상당히 높습니다.

다만 무엇을 어떻게 배우면 좋을지 몰라 헤매고 있는 사람도 많습니다. 물론 정해진 정답은 없고 본인이 배우고 싶은 것을 배우면 좋습니다. 여기서는 참고가 될 만한 이야기를 몇 가지 소개하겠습니다.

'다시 배우기'는
동기부여로 최고

먼저, 예전에 배운 것을 '다시 배우는 것'입니다.

학창 시절에 열심히 공부했으나 사회인이 되고 나서 전부 잊어버렸다는 경험이 누구나 있을 것입니다. 하지만 젊은 시절에 배운 것은 뇌 어딘가에 남아 있고 공부를 재개하면 놀라울 정도로 또렷하게 되살아난다고 합니다.

학창 시절에 러시아어를 공부했던 B 씨는 일상회화 정도라면 문제없는 수준이었지만 취직한 후에는 러시아어를 사용할 기회가 없어 완전히 잊고 있었습니다. 하지만 50대가 되어 시간이 생겨서 공부를 다시 시작했습니다. 무엇보다도 귀가 기억하고 있었는지 듣기 능력을 중심으로 짧은 시간에 놀라울 만큼 실력이 일취월장했다고 합니다. 이렇게 공부하는 재미에 푹 빠져서 열중하다 보니 젊었을 때와 똑같은 수준의 어학 능력을 구사하게 되었습니다.

B 씨의 사례에서도 알 수 있듯이, 실력이 느는 속도가 빠르면 동기부여가 쑥 올라갑니다. 그리고 젊은 시절에 한 번 머리에 집어넣은 분야는 실력이 느는 속도가 현격히 빨라집니다. 이것은 공부뿐

제6장 50대에 '평생 공부하는 자신'을 만들어 놓는다

아니라 스포츠나 악기도 마찬가지입니다. 즉 '몸이 기억하고 있는' 상태입니다.

당신이 학창 시절에 열심히 공부한 것, 또는 몰두했던 취미를 생각해보세요. 공부 습관을 되찾는 첫걸음은 '다시 배우기'가 최고일지도 모릅니다.

50대가 되면 자신에게 맞는 일과 맞지 않는 일이 자연스럽게 보이기 시작합니다. 자신에게 맞는 일을 파고들면 효율도 오르고 '○○에 강한 사람'이라는 인상을 주위에 줄 수 있습니다. 뜻밖의 인맥과 일로 연결될 가능성도 커질 테고요.

물론 호기심이 향하는 대로 넓고 얕게 다양한 것을 알려고 하는 공부를 부정하는 것은 아닙니다. 다만 50세부터는 '한 가지 일을 파고드는' 것도 꼭 유념하기 바랍니다.

'예기치 못한 상황'을
배움의 기회로 삼는다

다음은 '환경 변화에 대응한 배움'입니다.

지금까지 여러 번 언급했듯이, 50대는 예기치 않은 환경 변화가 찾아드는 시기이기도 합니다. 이직이나 자회사로의 파견, 또는 부모님의 간병 같은 환경 변화는 차분히 공부하는 데 걸림돌이 됩니다.

하지만 그 환경 변화를 배움의 기회로 삼은 사람이 있습니다.

대형 리튬이온전지를 다루는 벤처기업 '엘리파워(ELIIY Power)'를 69세에 창업한 것으로 알려진 요시다 히로이치 씨는 원래 스미토모 은행(당시)에서 부행장까지 역임한 인물입니다. 52세 때 윗사람과의 방침 차이 때문인지 갑자기 런던으로 전근을 명받았다고 합니다. 하지만 이에 낙담하지 않고 영어를 공부할 모처럼의 기회라 생각하고 공부에 매진했습니다. 이때 쌓은 영어 실력과 영국 및 유럽 문화를 폭넓게 접한 경험이 그 후의 인생에 커다란 도움이 되었다고 합니다 (월간 〈THE21〉 2020년 10월호 인터뷰에서).

유명인의 사례를 하나 더 소개하겠습니다. 80대에 아이폰 용 앱을 개발해서 '세계 최고령 앱 개발자'로 알려진 와카미야 마사코 씨는 애플의 팀 쿡 CEO와 만나 인터뷰하여 화제가 되었습니다. 그녀가 컴퓨터를 시작한 것은 놀랍게도 60대에 접어든 후였는데 어머니 간병으로 외출이 자유롭지 못하게 된 것이 그 이유라고 합니다. 외출이 힘들어 컴퓨터와 인터넷을 배워서 바깥세상과 소통하려고 생각한 것이 공부를 시작한 이유였던 것입니다.

이러한 사람들의 이야기를 들으면 '시간이 없어서', '여건이 안 돼서'라는 이유로 공부하지 않는 것은 '변명'에 지나지 않는다는 것을 알 수 있습니다.

오늘부터 꼭 배우는 습관을 되찾기 바랍니다.

다시 한번 생각해보기

공부하는 습관을 되찾기 위해 '예전에 배운 것을 다시 배우는 것'부터 시작해본다.

02

공부 습관을 되살리는 열쇠는 '시간 예약'과 '고가의 의자?'

공부를 계속하려면 주위를 둘러싼 '환경'에 욕심을 내보자. 스스로에게 부담을 주기 위해 어느 정도의 투자를 하는 것도 좋은 방법이다.

우선 '2시간'부터 시작한다

항상 새로운 지식을 업데이트하는 데 필요한 기술 담당 사람은 물론이고, 영업이나 기획 담당 일을 쭉 해온 사람 중에는 '책상 앞에서 공부하는 것은 학창 시절 이후로 처음'이라는 사람이 있을지도 모릅니다. 일과 관련된 지식은 책상에 앉아서 하는 공부보다 직접 해보는 실천이 중요하다고 주장하는 사람이 있겠지요.

다만 60대, 70대가 되어서도 경제적으로나 정신적으로나 풍요로운 생활을 보내고 있는 사람들의 이야기를 들어보면 현역 시절부터 '주말에 몇 시간은 책상에 앉아서 공부하는' 습관을 지닌 사람이 많다는 사실을 알 수 있습니다. 앞서 말했듯이 배움을 잊은 사람은 급속히 늙어가는 경향이 있습니다. 꼭 50대에 '책상 앞에서 공부하는 습관'을 되찾기 바랍니다.

'책상 앞에서 공부하는 습관'을 되찾기 위해 먼저 '공부시간을 예약하는' 것을 권하고 싶습니다.

많은 사람에게 들은 바로는 주말에 공부하는 시간을 안배하는 사람이 많았습니다. 자신의 형편에 따라 여유가 되는 시간이라면 언제라도 괜찮습니다. '화요일과 목요일에 아침 일찍 일어나서 1시간씩', '수요일은 되도록 일찍 귀가하여 집에서 2시간' 등이라도 전혀 상관없습니다. 우선은 '일주일에 2시간'을 목표로 무리하지 않는 범위에서 시간을 늘려가는 것이 좋습니다.

또 공부시간을 늘려갈 경우, '토요일은 한 번에 6시간'보다 '3일로 나누어 2시간씩'으로 분배하기를 권합니다. 이유는 우선, 인간의 집중력은 그렇게 길게는 유지할 수 없기 때문입니다. 실제로 2시간도 길고 45분 정도가 집중력이 유지되는 한계라고 말하는 전문가도 있습니다. 더욱이 머리에 주입한 기억력은 수면을 통해 정착하고 그 후 복습함으로써 훨씬 확실해진다고 합니다. 이러한 기억의 프로세스를 생각하면 자주 학습과 복습을 반복하는 것이 보다 효율적인 공부법이라 하겠습니다.

수백만 원의 의자를 사버리면 이제 공부를 하지 않을 수 없다?

"집에서는 집중이 안 된다"는 사람은 카페나 도서관 같은 곳에서 공부하는 것도 좋습니다. 단, 여기서 한 가지 권하고 싶은 것이 있습니다. 바로 '좋은 의자와 좋은 책상을 구입하는 것'입니다.

코로나 19로 재택근무가 급속히 확산하자 '편안한 의자'가 폭발적으로 팔려나갔다고 합니다. 게이머용으로 장시간 앉아 있어도 피곤하지 않도록 설계된 '게이밍 의자'를 업무용으로 사용하는 사람도 많습니다.

환경을 조성하여 더욱더 집중하고 싶은 생각이겠지만 이는 공부할 때도 마찬가지입니다. '좋은 의자'를 사서 자신에게 '공부해야지' 하는 부담을 줍시다.

의자 가격은 그야말로 천차만별입니다. 비싼 것은 다리 하나에 수백만 원 하는 것도 있습니다. 오래 사용할 것을 생각해서 어느 정도 큰마음을 먹고 사면 좋겠습니다.

책상은
'넓이'에 욕심을 내자

책상은 성능보다 '넓이'가 중요합니다. 컴퓨터를 올려놓고 노트와 참고서를 펼쳐놓을 수 있는 정도의 공간이 최소한 필요합니다. 또 책상 위에 너저분하게 물건을 늘어놓으면 공부하려는 의욕을 방해하게 됩니다. 시야에 들어오는 것이 많으면 많을수록 무의식중에 집중력이 떨어지니까요. 집중력을 유지하려면 평상시 정리정돈에 신경을 써야 합니다.

그 밖에도 '조명'이나 '필기도구' 등 신경 써야 할 포인트가 여러 가지 있습니다. 조금 돈을 들여서라도 자신이 가장 공부에 집중할 수 있는 여건을 갖추는 것이 공부 습관을 부활시키는 첫걸음일지도 모릅니다.

공부 습관을 되찾기 위해 어느 정도 '형식부터 갖추는' 것이 필요하다.

03

'50대부터의 공부는 여하튼 아웃풋,

요즘 '아웃풋'이라는 말을 자주 듣는다. 인풋뿐 아니라 아웃풋을 중시해야 한다는 말이지만 과연 어떤 의미가 있을까.

읽어주지 않아도 좋다
'끄집어내는' 것에 의미가 있다

'50대야말로 아웃풋을 의식하자'.

이 말을 통감한 것은 T 씨라는 당시 50대 중반의 선배로부터 이야기를 들었을 때의 일입니다. 이 사람은 모르는 것이 없을 정도로 굉장히 박식한 인물로 엄청난 도서 수집가이기도 했습니다. 이사할 때 책만 골판지 상자로 600상자가 나왔다고 하니 그저 놀라울 따름입니다.

그는 읽은 책의 내용은 물론이고 '언제, 누구와 무엇을 먹었는지'를 매일 빠짐없이 기록했습니다. 그 정보를 바탕으로 영양사에게 식사 지도를 받은 적도 있다고 합니다. 그러나 이것은 어디까지나 부차적으로 한 일이고, '기록하는 것' 그 자체가 목적이라는 것이었습니다.

그것을 듣고 나는 '어떤 형태로든 상관없으니까 아웃풋하는 것이 중요하다'는 것을 깨달았습니다. 그 이유는 '머릿속에 있는 것을 밖으로 끄집어내면' 머리에 여백이 생기는 느낌이 들기 때문입니다.

50대가 되면 머릿속에는 지금까지 쌓아온 온갖 지식과 노하우가 꽉 차 있을 것입니다. 그것을 사용하기에 일이 순조롭게 진행되는 것이지만, 한편으론 일이 수월하게 잘 진행되기에 새로운 지식을 손에 넣고자 하는 욕구가 생기지 않는 것입니다.

아웃풋을 통해 강제적으로 자신 안에 여백을 만들어야 새로운 것을 배울 의욕이 생겨납니다. 나는 아웃풋의 중요성을 그렇게 해석하고 있습니다.

노벨상 수상 작가도 '기록'을
하고 있었다

한 가지 더, 일상의 아웃풋이 자신에게 '깨달음'을 주는 효과입니다.

T 씨도 식사 기록을 한 덕분에 '요즘 똑같은 것만 먹고 있었네' 같은 사실을 알 수 있었다고 합니다. 즉, 기록하는 것은 자신에게 '자각'이라는 피드백을 주고 무의식중에 '오늘은 어제와 똑같지 않도록' 새로운 행동을 촉구합니다.

노벨상 수상 작가이기도 한 대문호 헤밍웨이는 날마다 그날 쓴 글자 수를 계속 기록했다고 합니다. 이것도 일상의 매너리즘을 막는 데 효과가 있었을 것입니다.

위인 중에 꾸준히 일기를 쓴 사람이 많은 것도 이와 같은 이유 때문이겠지요. 일기를 써보려고 했으나 작심삼일로 끝났다는 사람이 많을 것입니다. 그렇다면 '먹은 것', '읽은 책'만이라도 좋습니다. 우선은 '아웃풋 습관'을 들이는 것이 중요합니다.

피드백이
습관화가 되다

아웃풋을 해봤자 그 아웃풋을 아무도 읽어주지 않는다면 의미가 없다고 주장하는 사람이 있습니다. 나는 그렇지 않다고 생각합니다. 누가 읽든 말든 '아웃풋을 하는 것 자체'에 의미가 있습니다.

물론 누군가 그 아웃풋을 읽어준다면 격려가 됩니다.

금융기관에서 관리직으로 일하다가 계열사로 파견을 나간 R 씨는 마침 그 무렵, 원래 취미였던 골프를 그만두고 또 다른 취미였던 독서에 집중하게 되었다고 합니다. 나아가 읽은 책의 감상이나 의견을 신문이나 잡지에 투고했는데 이것이 게재되었고 편집자의 피드백까지 받아 독서와 글쓰기의 열정이 더욱 타올랐다고 합니다.

O 씨는 취미인 센류(川柳: 풍자와 익살을 주로 한 짧은 시) 투고를 50대부터 시작했다고 합니다. 센류를 취미로 하는 사람은 아주 많고 전문잡지는 물론 많은 신문사에서 투고를 모집하고 있어 게재는 상당히 좁은 문이지만, 그런 만큼 지면에 실리면 많은 동기부여가 된다고 합니다.

이러한 습관은 아웃풋을 계속하는 데 크게 도움이 될 것 같습니다. 물론 블로그나 페이스북 같은 SNS에 게재하거나 서평 사이트에 서평을 쓰는 것도 좋습니다. '아웃풋의 습관화'를 꼭 의식해보세요.

정신과 의사인 가바사와 시온 씨는 베스트셀러가 된 저서《아웃풋 트레이닝》에서 '인풋과 아웃풋의 황금비율은 3:7'이라고 쓰고 있습니다. 정말로 그 정도의 비율이 딱 좋다고 생각합니다.

다시 한번 생각해보기

'아웃풋'을 통해 머릿속에 여백을 만들면 그 공간에
또다시 새로운 지식과 경험을 채울 수 있다.

04

50대에게 요구되는 '자기 자신을 프레젠테이션하는 능력,'

50대부터의 인간관계에서는 처음 만나는 사람이 많아진다. 그런 사람들에게 당신은 효과적으로 '자신을 프레젠테이션'할 수 있는가?

'나는 어떤 사람인가'를 단적으로 전할 수 있도록 하자

제3장에서 "50대부터는 새로운 스킬을 익히기보다는 지금 가지고 있는 스킬을 향상시켜야 한다"라고 말했습니다. 다만 예외적으로 50대에 익혀둘 스킬이 하나 있습니다. 바로 '프레젠테이션'하는 스킬입니다. 상품이나 서비스의 프레젠테이션이 아니라 자기 자신을 프레젠테이션하는 스킬, 즉 '자기 PR하는 프레젠테이션' 기법

입니다.

50대 이후는 새로운 인간관계 속으로 좋든 싫든 뛰어들 수밖에 없는 일이 늘어납니다. 이직은 물론 회사 내에서도 이동이나 파견을 나갈 가능성이 있고, 정년 후에는 새로운 취미 커뮤니티에 참여하는 일이 늘어나겠지요. 당연히 새로운 사람과의 만남이 많아집니다. 그때, '나는 어떤 사람인가'를 단적으로 이야기할 수 있는 스킬이 필요합니다.

물론 자신을 프레젠테이션하는 목적에 따라 전달할 내용은 달라집니다. 하지만 그중에 공통된 포인트를 여기에서 전하려고 합니다.

'첫인상으로 호감을 받는 프레젠테이션'의 세 가지 비결

첫 번째 비결은 '서비스 정신을 발휘하는' 것입니다. 구체적으로는 자신이 하고 싶은 말보다 상대가 듣고 싶어 하는 말을 하는 것입니다.

만약 이직 면접이라면 상대 면접관은 '이 사람은 신용할 수 있을까', '이 사람의 실적은 진짜일까', '이 사람과 같이 일하고 싶을까' 등이 궁금할 것입니다. 그렇다면 그것을 증명할 수 있는 것을 에피소드와 함께 말해서 상대가 듣고 싶은 것을 스스로 '서비스'하는 것이지요.

한편, 취미 커뮤니티에서 상대의 업무 성과를 궁금해하는 사람은 없습니다. 거기서 '자신이 얼마나 실적을 올렸는지'를 이야기하면 오히려 눈총만 받을 것입니다.

이때 상대가 바라는 것은 '자신과의 공통점'이겠지요. 출신지나 취향, 지금의 취미는 얼마나 오래 되었으며 자주 하고 있는지, 또는 초보자인지, 다른 취미가 있는지 등의 정보를 단적으로 제공하되, 되도록 공통점을 많이 찾는 것이 핵심입니다.

직장에서 배운 프레젠테이션 실력은 그냥 잊어라

또 하나의 비결은 '감정이입을 시키는' 것입니다. 구체적으로는 자기 자랑이나 무용담보다 '포기했던 일', '억울했던 일', '실패'와 같은 마이너스 이야기를 하도록 합니다. 지금까지 수차례 언급해왔듯이, 과거의 실패담이나 좌절에 관한 이야기를 유쾌하고 즐겁게 말할 수

있는 사람에게는 친근감이 생기고 또 실패해도 흔들리지 않는 '그릇
이 큰 인물'이라는 인상을 줍니다.

이는 재취업 면접에서도 유효합니다. 물론 실적도 중요하지만, 함
께 일할 때는 '같이 있으면 기분 좋은 사람'을 뽑고 싶어지는 것이 당
연할 테니까요.

그리고 세 번째가 '표정', 구체적으로는 '웃는 얼굴'입니다.
50대가 되면 자존심이 가로막는지 당최 웃는 얼굴이 어색한 사람
이 많습니다. 결국 상대에게 좋은 인상을 주느냐 마느냐는 웃는 얼
굴이 전부라고 말해도 지나치지 않습니다. 본인의 웃는 얼굴이 좀
어색하다고 느끼는 사람은 거울을 보고 입꼬리를 올리는 연습을 해
봅시다. 그것만으로도 인상이 크게 바뀝니다. 스마트폰이나 태블릿
으로 녹화해서 보는 것도 효과적입니다.

업무 중에 독자적으로 프레젠테이션 능력을 익힌 사람이 많을 것
입니다. 하지만 그것이 '억지스러운' 것이라면 역효과가 날 가능성
이 있습니다. 50대부터는 조금 더 어깨의 힘을 빼고 '자신을 프레젠
테이션하는 능력'을 익히세요.

'자신을 프레젠테이션하는 것'을 성공시키려면 자기
안에 있는 '서비스 정신'을 발휘해야 한다.

05

아웃도어와 인도어 취미를 함께 가져라

'정년 후를 위해 취미를 가져야 하는 것'은 이제 두 말하면 잔소리. 가능하면 취미는 성격이 다른 두 가지를 가져야 한다.

'골프 삼매경' 생활이 파탄 난 이유는?

"정년 후를 위해 취미를 가져라"라고 여러 곳에서 말하고 있습니다. 정년 퇴직한 후에는 일하는 시간이 갑자기 팍 없어져서 그 시간을 뭔가로 메워야만 합니다. 정년 후의 시간을 즐겁게 보내려면 취미가 필요하고 또 취미로 교류하는 동료가 필수라는 말이지요.

지극히 당연한 것을 말해봤자 시시하기만 할 테니 여기서는 한 걸음 나아간 조언을 들려주고자 합니다. 그것은 '취미는 아웃도어와 인도어, 둘 다 가져야 한다'는 것입니다.

상사에서 인사부장을 마지막으로 직급정년을 하고 65세에 완전히 은퇴한 S 씨는 현역 시절부터 골프광으로 탄탄한 실력을 갖춘 싱글 플레이어였습니다. 정년 후에는 골프 삼매경에 빠진 생활을 하려고 집 근처에 있는 골프장 회원권을 거금을 털어 구매했을 정도입니다 (일본의 거품 경제 시절(1986~1991년)의 10분의 1 가격이었다고 합니다).

그런 S 씨가 어느 해인가 내게 보내온 연하장에 '최근에는 테니스를 하고 있다'는 이야기가 적혀 있었습니다. 골프가 아니라 테니스라니, 무슨 일인가 싶어 연락을 해보니 S 씨는 '척추협착증'에 걸려 좋아하던 골프를 못 하게 되었다고 합니다.

S 씨는 그런 자신의 경험에서 '50대에 아웃도어 취미만이 아니라 인도어 취미도 가지는 편이 좋다'고 강조했습니다.

70대는 물론이고 80대에도 골프 같은 스포츠를 계속하는 사람이 많이 있습니다. 하지만 뜻하지 않은 병에 걸려서 못 하게 되는 일이 충분히 있을 수 있습니다. 병에 걸리지 않더라도 체력과 근력이 약해져서 점수가 떨어지거나 만성적인 신체 통증으로 경기에 집중하지 못해 그토록 좋아하던 스포츠가 재미없어졌다는 이야기를 심심찮게 듣습니다. 젊었을 때 잘했던 사람일수록 이상과 현실의 차이에 당황하여 그만두는 경우가 많다고 합니다.

좋아하던 취미를 잃고 몸을 움직이지 않게 되면 급속히 늙어버립니다. 그래서 몸을 움직이지 않고도 즐길 수 있는 인도어 계열의 취미를 가져야 합니다.

인도어 취미만 가진 사람은
체력이 약해지는 것을 주의해야 한다

반대도 역시 마찬가지입니다. 인도어 취미만 가진 사람은 아무래도 정년 후에 집안에 틀어박혀 있기 쉽습니다. 노화는 사지에서 비롯한다고 합니다. 아웃도어 취미 활동을 가지면 자연스럽게 집 밖으로 나가게 되고 체력 유지가 됩니다.

인도어 취미를 가진 사람은 되도록 '동료' 만드는 것을 유념합시다. 집 밖으로 나갈 계기가 될 테니까요.

이를테면 역사를 좋아하는 사람 중에는 마치 학창 시절의 세미나처럼 정기적으로 모여서 연구성과를 발표하고 토론을 이어가는 사람이 있습니다. 또 향신료에 빠져서 정기적으로 회원을 모아 오찬회를 여는 사람도 있습니다.

'인도어와 아웃도어를 아우르는 요소를 둘 다 가진 취미'가 있습니다. 가령, '사찰 연구'를 필생의 사업으로 하는 어떤 사람은 조사를 겸해 전국의 사찰을 돌고 있습니다. 조금 세련되지 않다고 생각하는 사람이 있을지도 모르겠지만, 관공서에서 운영하는 문화센터나 체육관 같은 곳에서 개최하는 강좌에 들어가 보는 것도 좋습니다. 아웃도어 강좌나 인도어 강좌도 폭넓게 있고 '훌라 춤'이나 '무술' 등, 그곳에서만 배울 수 있는 특색 있는 취미가 있어 상당히 흥미롭습니다.

◀ 다시 한번 생각해보기 ▶

업무 이외의 '삶의 보람'으로 하는 취미는 아웃도어,
인도어 둘 다 가져야 한다.

06

정년 전에 몸에 익혀야 할 '돈의 교양,

50대에 공부해야 하는 것 중의 하나가 '돈'이다. 정년 후에 느닷없이 투자에 손을 대서 후회하지 않으려면 지금부터 조금씩이라도 시작해두자.

'퇴직금으로 갑자기 투자'하는 것은 정말 위험하다

'정년 후에 퇴직금으로 투자를 시작했지만 크게 실패하여 퇴직금을 몽땅 날려버린 바람에 노후자금조차 부족해졌다…'

이렇게 듣기만 해도 오싹해지는 이야기를 들은 적이 있을 것입니다. 이것은 남의 일이 아닙니다. 내 주위에서도 제로까지는 아니더라도 증권사

영업 직원이 하라는 대로 수상한 투자상품에 투자하여 적지 않은 액수의 퇴직금을 잃었다는 이야기를 간간이 접합니다.

그렇게 되지 않기 위해서는 일찌감치 '돈에 관한 공부'을 해두는 것이 필요합니다. 물론 책을 읽거나 강의를 듣는 공부도 좋지만 가능하면 실제로 '투자'를 체험해보기를 권합니다.

어느 정도 여유자금이 있다면 소액으로도 좋으니까 '취미와 실익을 겸한' 투자를 해보는 것은 어떨까요. 돈을 번다기보다 '두뇌훈련'을 한다는 감각으로 투자를 해보는 것입니다.

투자는
'두뇌훈련'이 된다

주부 A 씨는 50세부터 시작한 투자가 치매 예방인 '두뇌훈련'으로 도움이 되는 것을 실감하고 있다고 합니다. 주식투자를 하면 사회 동향을 신경 쓰게 되고 실패와 성공을 반복하면서 정신적으로도 강해졌다는 것입니다. 이미 당초에 목표로 한 금액은 달성했지만, 여전히 지금도 조금씩 투자를 계속하고 있다고 합니다.

제6장 50대에 '평생 공부하는 자신'을 만들어 놓는다

이것은 상당히 중요한 것입니다. 정년 후에는 사회와의 접점이 적어져서 외부로부터 자극을 얻기 힘들어집니다. 그 점에서 볼 때, 주식투자로 외부에 관심을 가지는 것은 매우 커다란 이점입니다.

그 밖에도 외화예금이나 해외주식에 투자하여 세계 경제에 안테나를 세우는 것도 좋습니다. 지금은 온라인으로 이러한 투자를 손쉽게 할 수 있습니다. 앱을 사용해서 부담 없이, 어떤 의미에서는 게임을 하듯 자산운용을 하는 것이 가능합니다.

물론 정말로 게임을 하듯 큰돈을 잃으면 이익은커녕 본전마저도 까먹겠지만, 스마트폰 게임을 하는 것보다 훨씬 좋은 '두뇌훈련'이 됩니다.

'노후에 2억 원으로는 부족하다?'

노후에 필요한 자금에 관해서는 여러 가지 의견이 있지만, 세간에 가장 많이 알려진 액수는 '2억 원'입니다.

아오야마가쿠인대학교 대학원 교수인 사카키바라 마사유키 씨에 따르면 '노후에 2억 원이 필요하다'고 하는 말의 근거는 금융당국의 '금융심의회시장 워킹그룹보고서 〈고령사회의 자산형성과 관리〉라는 자료 중 다음과 같은 설명 때문이라고 합니다.

"(중략) 수입과 지출의 차이로 매월 50만 원이 부족할 경우, 20년이면 약 1억 3,000만 원, 30년이면 약 2억 원의 예금을 해지해야 하는 일이 필요하다."

다만, 이 자료를 자세히 읽으면 특별한 지출(요양 시설 등의 간병 비용이나 주택 수리 비용 등) 등이 빠져 있어 실제로 필요한 금액은 부부 합산해서 약 3억 원이 현실적인 숫자라고 합니다.

2억 원과 3억 원은 차이가 엄청납니다. 그것을 과연 준비할 수 있을까요. 그러기 위해서는 50대부터 꼼꼼한 재검토가 필요할 것입니다. 그런 의미에서도 '돈 공부'는 일찍 해둘수록 좋습니다. 아울러 절약이든 투자든 해야 할 것은 지금 당장 시작합시다.

◀ 다시 한번 생각해보기 ▶

50대의 '돈 공부'는 반드시 해둘 것 중의 하나다. 조금이라도 빨리, 지금 당장 시작한다.

아주 리얼한 '경력직 자기소개서'를 준비하라

'인간미가 느껴지는'
리얼한 경력직 자기소개서

50대가 되고 나서 이직을 생각할 때 꼭 필요한 것이 있습니다. 바로 '경력직 자기소개서'입니다.

요컨대 지금까지 어떠한 직종의 경력을 거쳐왔는지를 정리한 것입니다. 흔히 '경력직 자기소개서는 1~2장으로 정리하시오', '지금까지 담당했던 직무 경력을 간략하게 항목별로 쓰시오' 같은 도움말이 있습니다.

다만 이것은 어디까지나 경력이 길지 않은 20대나 30대에 적합한 것으로, 50대의 경력직 자기소개서는 좀 더 신중하게 작성해야 합니다. 당신이라는 사람의 됨됨이, 무엇을 해왔는지, 어떤 일에 강점이 있는지, 어떤 가치를 만들어낼 수 있는지, 어떤 결과를 창출해온 사람인지, 문장을 읽으면 그 사람을 훤히 알 수 있는 것이라야 합니다. 꼭 만나보고 싶어지는 '이야기'로 해야 합니다.

말하자면 본연의 모습 그대로 '인간미가 느껴지는' 경력직 자기소개서로, 그렇지 않으면 면접조차 통과하기 힘듭니다. 매수로 말하면 3~5쪽 분량이 되겠지요. 한번 분량 제한을 두지 말고 써보고 나서 짧게 간추리는 것이 핵심입니다. 또 미국의 이력서처럼 최근의 직무 경력부터 쓰는 것이 더 좋습니다. 심사하는 사람은 30년 전에 무엇을 했는지보다 최근의 이야기가 중요하니까요. 보통의 이력서와 순서가 반대로 되지만 그래도 상관없습니다.

작성 방법은 '어떠한 과제가 있었는지' ⇨ '그것을 어떻게 해결했는지'의 반복이 됩니다.

스텝 1

먼저 제2장에서 언급한 '14가지 질문'으로 자신을 철저하게 분석합니다.

스텝 2

과거부터 지금까지 분석한 경력 중에서 '가장 자랑할 수 있는 일'을 골라 다음의 ❶~❺를 격식 차린 말투로 기술해보세요. 당신 자신의 '이야기'의 클라이맥스 부분, 경력직 자기소개서의 심장부라 할 수 있겠지요. 하나로 압축하기 힘든 경우는 복수라도 괜찮습니다.

❶ 그것은 어디서 무슨 일을 했을 때인가?
❷ 그때 겪은 일이나 에피소드(곤란 극복이나 성취한 일, 직무의 난이도, 주변의 평가)
❸ 그 당시에 중요시한 것
❹ 그 일로 상사, 동료, 부하, 고객, 부서, 회사가 어떻게 변했는가?

❺ '❹'의 사실을 어떻게 생각하는가?

❶~❺의 순서로 작성해나가면 자동으로 이야기의 골격이 완성되므로 글쓰기에 어려움을 겪는 사람도 '이야기'를 쓸 수 있게 됩니다.

스텝 3

최근의 경력부터 과거로 거슬러 올라가면서 직무마다 【스텝 2】의 ❶~❺를 기술해보세요. 모든 직무 경력을 소급해보면 자기 자신도 의식한 적이 없던 이야기가 그곳에 잠들어 있다는 사실을 깨달을지도 모르기 때문입니다.

스텝 4

지금까지 모은 정보를 편집하여 실제로 작성해봅니다. 우선은 최근 10년을 중심으로 써 내려갑니다. A4 용지로 5쪽을 넘기지 않을 정도의 길이로 합니다. 최근 10년 동안 같은 직종에 종사한 사람은 에피소드의 가짓수를 늘리도록 하세요.

반대로 이동이나 이직이 잦아 10년 전의 내용을 상세하게 적다 보면 5쪽이 넘어가는 경우가 생깁니다. 이때 10년 전의 일은 【스텝 2】의 ❶과 ❷로만 좁혀서 기술하세요.

스텝 5

마지막 단계는 퇴고입니다. 여러 번 읽고 또 읽고 해서 더욱더 설득력 있는 내용으로 다듬어갑니다. 이때 제3자에게 읽어달라고 부탁하여 의견을 듣는 것이 좋습니다.

경력직 자기소개서를 만들어두면 이직을 생각하는 사람은 물론이고, 그렇지 않은 사람도 지금까지 걸어온 자신의 회사 인생을 되돌아보고 자신이 진정으로 하고 싶은 일이나 강점을 발견하는 데 도움이 될 것입니다. 꼭 한 번 해보세요.

오십부터는
이기적으로
살아도 좋다

1판 1쇄 인쇄 2021년 12월 24일
1판 1쇄 발행 2021년 12월 30일

지은이 오츠카 히사시   옮긴이 유미진
펴낸이 김기옥

경제경영팀장 모민원   기획 편집 변호이, 박지선   커뮤니케이션 플래너 박진모
경영지원 고광현, 임민진   제작 김형식
표지디자인 블루노머스   본문디자인 디자인허브   인쇄·제본 민언프린텍

펴낸곳 한스미디어(한즈미디어(주))
주소 121-839 서울특별시 마포구 양화로 11길 13(서교동, 강원빌딩 5층)
전화 02-707-0337 팩스 02-707-0198 홈페이지 www.hansmedia.com
출판신고번호 제 313-2003-227호 신고일자 2003년 6월 25일

ISBN 979-11-6007-766-7   (03320)